我們想要的未來

17項永續發展目標&國際實踐範例

編著｜一般社團法人 Think the Earth

監修｜蟹江憲史

插畫｜羅賓西

Part 1　17個永續發展目標以及「改變未來的妙點子」

1-0　SDG1消除貧窮　　36
1-1　窮人的格萊珉銀行（Grameen）
1-2　寺廟零食俱樂部
◎SDG點子：想一想／相對貧窮

2-0　SDG2終結飢餓　　42
2-1　共享一張餐桌
2-2　校園營養午餐計畫
◎SDG點子：想一想／SDG知識Q & A

3-0　SDG3健康與福祉　　48
3-1　媽媽寶寶健康手冊
3-2　Zipline 醫療無人機
◎SDG點子：想一想／SDG知識Q & A

4-0　SDG4優質教育　　54
4-1　大家的學校計畫
4-2　綠色學校
◎SDG點子：想一想／ＥＳＤ永續發展教育

5-0　SDG5：性別平權　　60
5-1　夏克緹舞蹈團
5-2　Roominate 科學工程玩具
◎SDG點子：想一想／SDG知識Q & A

Part 2　專欄：解讀SDGs的觀點

17 個 SDGs 以及「我們想要的未來」編排說明

每一項 SDGs 都涵括了兩部份的內容，一是以圖像、圖表和文字
扼要闡述該目標內涵的概述說明，另一則是案例說明。每一個目
標分別介紹 2 個具代表性的案例，這些案例正是為了實現該目標
所採取的行動計劃。

（圖解版面）

17 個主要目標（Goals）下設 169 個子
目標（Targets），同時建置 232 項相
關的落實指標（Indicators），藉以檢
視永續發展的進度和成果。讀者可以
掃描此處的 QR Code 連結到下列網
站，獲得更多與該目標有關的資訊，
例如子目標、落實指標以及相關案例
等。http://www.thinktheearth.net/sdgs/

與該目標有關的數據非常多，從
中挑選出具代表性的數據，透過
圖像、圖表的表現方式予以具體
化。讀者不妨試著找出最新的數
據或其他數據。

與其他目標的關連性，該目標的關鍵
議題，以及其衍生的課題等等，都會
在這裡做說明。讀者可以在這裡得到
如何從不同的觀點來思索 SDGs 的相
關提示。

（案例頁面）

該目標與哪些目標具有關連性？此
處標出的圖示可以讓讀者一目瞭然。

＊目標 17 為全球夥伴關係

相關關鍵字解說以及隨堂小測驗，
讀者可以透過說明和測驗學習到相
關的常識。

改變未來的目標

大家聽過 SDGs（Sustainable Development Goals）嗎？

Sustainable Development Goals ＝永續發展目標

永續發展目標共有 17 個項目，由聯合國規劃，希望引領人類跨越所有界線，無論是已開發國家或是開發中國家，無論是企業、NPO（非營利組織）或是個人，大家摒棄一切藩籬，共同攜手合作，一起努力在2030 年以前，創造一個更美好的世界。

設定 SDGs 目標的用意，是為了讓世界變得比現在更美好，而這些「改變未來的目標」必須結集全世界眾人之力才能達成。現在，已經有很多人以創新的點子和無比的熱情開始展開行動了，他們確信世界將會有一個嶄新的未來。請務必要閱讀本書所介紹的案例，看完之後，對生處於同一個時代、同為地球公民的你我來說，心中必然會湧出：「創造新未來的行列，我也要加入！」的想法。

本書由聯合國、企業、NPO、教育工作者、創意工作者等眾多專家、學者跨領域合力完成。本書的完成只是拋磚引玉推廣教育的一個過程而已，接下來我們要打造一個可以讓更多人從中學習的環境，願意更進一步起而效尤投入實踐的行列，以具體行動實現「改變未來的目標」。本人衷心感謝一路相伴、一起走到今天的夥伴們，同時也由衷期待未來的路上，能遇見更多的人，和我們一起努力前進。

上田壯一

SDGs for School 執行委員、一般社團法人 Think the Earth

超越 GDP，邁向 SDGs ！

在過去半個世紀的經濟與社會成長下，全世界絕大多數的兒童，都會接種疫苗，健康長大並接受教育。但是這個時代的孩子，同時就面對著全球氣溫持續升高、海中塑膠可能比魚還多、農田地力流失的挑戰。

為了下一代，我們大人總是用盡全力，去為孩子掙得更多。但是當我們把過國內生產毛額（GDP）當作唯一成長指標的同時，卻也加速破壞了讓下一代健康成長的環境，也耗盡了經濟成長所仰賴的自然資源。

聯合國提出這 17 個永續發展目標（SDGs），不只是要說明經濟、社會與環境是相互依賴的關係，更是為了提供一個清楚的路徑，讓人類社會能夠與地球好好地相處共存、生生不息。

過去一甲子，台灣作為一個產品製造王國，生產了各式各樣的產品，銷往全世界的同時，也浪費了許多實際上只是「被錯置的資源」的「廢棄物」，也大量地污染了我們的空氣、土壤、水資源。因此我們更應該努力推動和打造零廢棄、零排放的「循環台灣」！

幾十年來，台灣擁有優質的資源回收管理系統。但我們不能只是停留在廢棄物處理上，而是要用透過「循環經濟」創新的商業模式與設計，讓我們能夠從源頭來落實「零廢棄的台灣」！

唯有經濟成長、社會福祉，不再建立在對自然資源的消耗上，我們才能實現 SDGs 的 17 個目標，這不僅顯示不同目標之間的相互關聯，也說明了這件事需要跨世代、跨部門、跨產業的相互合作。

所以相當開心能夠看到這本書的出版，從閱讀開始，啟動孩童與家長的共同學習，更期望大小讀者也都能夠一起採取行動，創造永續共生的世界！

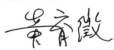

循環台灣基金會創辦人暨董事長

跨越世代的重要課題

教育是達成永續發展的鎖鑰，教育民眾永續發展，並不只是把環境的內容加入課程中，還要促成在經濟目標、社會需求、與生態責任間的平衡，教育必須讓學生具有與社群永續發展及生活的相關技能、視野、價值、和知識，這必須是科際整合，結合不同學科的概念與分析方法。——Kofi Annan，前聯合國秘書長

沒有比教育更強大的變革力量來促進人權和尊嚴，消除貧困和深化永續，為所有人創造更美好的未來，建立在平等權利和社會正義，尊重文化多樣性和國際團結和共享的基礎上責任，這些都是我們共同的人性的基礎。——Irina Bokova，聯合國教科文組織前主席

人類對於未來，一直是想要不斷追求與探究。在 1972 年《成長的極限》這一本書問世後，也喚起聯合國重視，不斷思考、追問，該如何面對全人類重大課題，過程中也逐漸帶出「永續發展」概念。最後在 1987 年，布蘭特女士在聯合國大會上發表我們共同的未來（Our Common Future）報告，正式定調「永續發展」為人類重要取徑。在過程中，不斷思考如何將此關鍵重要價值能實踐，而「教育」也藉此被提出為重要方法。

聯合國在 2005～2014 年推動了「永續發展教育十年計畫」，這一段期間，聯合國也關注「千禧年發展目標」，而這兩大脈絡同時在 2015 年整合，以「永續發展目標」（Sustainable Development Goals，SDGs）將持續關注到 2030 年，而 SDGs 關注的 17 個目標，同時也是經濟合作暨發展組織（Organization for Economic Co-operation and Development，OECD）在教育面向關注當代的教育，是以「素養」為重要推動方向，提

及這樣的推動，希冀能讓學子面對當代環境議題，也直指 SDGs 的 17 個目標，為重要的課題，同樣的 OECD 這一波的推動，也是以 2030 年為一個重要檢視點。

在上述的國際脈絡中，可以發現實踐行動便是 SDGs 關鍵且重要的事情，也就是形成這一本書重要的關鍵，在閱讀此本書籍過程，看到 SDGs 的實踐面的例子，希望透過此能引發讀者對於 SDGs 的初步認識以及興趣，進而連結到實踐與行動，而這 17 個議題，雖是國際議題，但臺灣也是在整個大脈絡中產生連動，所謂的國際視野與議題，而在地行動實踐。

最後，以土地倫理之父 Aldo Leopold 在沙郡年記一書中的重要概念與所有讀者共勉，書中提到「土地倫理會改變人類的角色，使他們從土地社群裡的征服者變成社群裡普通的成員和公民，這樣的角色，便包含對他其餘的成員夥伴的尊重，以及對整個社群本身的尊重。」希冀透過此本書，不斷自省人與環境關係，也重新思考人類在當代與世代之間責任，同時也回應永續發展的在 1987 年的定義：「既能滿足當代人類現今的需求，又不損害後代人類滿足他們需求的發展模式。」

何昕家

國立臺中科技大學通識教育中心助理教授

獻給懷抱壯志豪情的年輕世代

「未來」，對很多人來說，只是個抽象的概念，就像天邊的一抹雲，遠遠望著。但如果指的是 10 年之後，「未來」就變得具象多了。

這本小書，談的就是這樣的「未來」：我們想要怎樣的 2030 年？

這本由日本 NPO 法人 Think the Earth 邀集企業、NPO、教育工作者與創意工作者等跨領域專家學者合力完成的《SDGs：我們想要的未來：17 項永續發展目標 & 國際實踐範例》，主要是以 12 ～ 18 歲的日本青少年為訴求對象，透過淺顯易懂的書寫方式，從全球現況出發，透過日本本土與國際案例所介紹的「改變未來的好點子」、延伸閱讀網站與 QRCode、觀點分析、插圖與幽默對話、關鍵字、Q&A、小提問等設計編排，深入淺出的介紹攸關「未來」的 17 個課題（貧窮、飢餓、性別、安全用水、再生能源、網路普及、海洋生態、和平非暴力……。），期待正展開雙臂迎向「未來」的年輕人，對這世界有更寬廣的視野、體認到所共同面對的挑戰，並藉由書中來自世界各地的「好點子」，激發「有為者亦若是」的壯志。

事實上，這本書中每個「改變未來的好點子」，都是別具巧思、引人入勝、精準切入關鍵問題的創新行動，例如：用舞蹈的力量打破歧視的舞團、突破性別刻板印象的玩具設計、堅持小而美的手繪手工書、結合網路科技的開放街圖社群、蔬果共享隨便採摘的小鎮營造、提出海洋潔淨作戰計畫並以此創業的荷蘭高中生、以回家過聖誕的廣告瓦解游擊隊心防結束 50 年內戰的和平推手……，這些嘗試都具有突破現況的勇氣和智慧，不僅解決了眼前的困境、豐富了行動者的生命，也改變和創造了我們共同的未來。

回看台灣，全面上路的 12 年國教 108 課綱所強調的「核心素養」，指的也正是面對未來挑戰所應具備的知識、能力與態度，一種與生活連結的學習和實踐。當我們用十年為尺規，試著探問 2030「我們究竟想要怎樣的未來」時，我們同時也開啟了敏銳的察覺和自省，只要我們願意參與其中，持續培養自己面對挑戰的能力，就像書中每一個付諸行動與實踐的故事，「未來」其實就在每一個改變的當下、在每一個你和我的手中。

周聖心

台灣千里步道協會執行長、優質戶外教育推動聯盟召集人

預想 2030 年未來經濟、社會、環境新樣貌

蟹江憲史 ●慶應義塾大學研究所　政策、媒體研究科教授

大家曾經想像過自己成為大人以後的世界嗎？ 當長大成人，那時候自己住的都市、日本的社會，還有整個世界，會是怎樣的面貌呢？

今後跟現在將是兩個不同的世界，未來的變化恐怕超乎我們的想像。電動車成為趨勢，數量超越汽車，自駕車時代將全面進化，說不定車子也不再是私家轎車，有越來越多的人透過「借用共享」取得自己想要的東西。 太陽光電和風力發電比現在更普及，人們對於來自大自然的能源早已習以為常。 辦公室不一定有人，透過電腦、網路在家就能工作，結果也使得擠沙丁魚般的通勤電車成為歷史。5G 時代的來臨以及人工智慧的進步，不但會改變各行各業的工作，還會翻轉我們的生活。

面對這樣的改變，大家應該怎麼做？ 社會又該如何建構？ 問題的「答案」 就在 SDGs 裡面。

2030 年未來世界的理想樣貌，通通展現在 SDGs 的目標當中。 難能可貴的是，SDGs 獲得聯合國所有的會員國全部同意。SDGs 是涉及多元、多角度，涵括各種領域的目標大集合；雖然說涵蓋了各種領域，但是大致可以區分為三大部分：

第一部分是與經濟有關的目標，包括了該如何做能夠促使經濟成長？產業、技術需要有哪些創新？ 甚至包括工作方法的變革等等。

第二部分是與社會有關的目標。在所有人的努力下，透過實現這些目標，讓健康的人增加，讓為貧窮和飢餓所苦的人歸零，讓教育變得更普及，兩性平等不再是議題，進而建構一個宜居、和平、包容的社會。這些目標的基本想法，都是為了消弭差距以及消除差別待遇。

最後一部分則是與環境有關的目標。提到環境，大多數人腦海裡最先浮現的通常是海洋環境或陸地環境。實際上，環境議題並非只限於此而已，例如氣候變遷所引起的地球環境問題，其實與能源使用方式關係密切，同時也和我們每天生活中所吃的食物、所用的水等資源取得途徑和使用方式，以及後續處理方式也都息息相關。

把上述這些議題全部收集在一起，歸納匯整成 17 個目標，就是 SDGs。17 個目標每一個目標下面都各自設有「Targets」（子目標），作為具體的追蹤指標，這些子目標總共有 169 項。2015 年 9 月聯合國正式採納 17 個主目標及 169 個子目標，決議後成為 SDGs。

透過「監測」產生良性競爭

由於國際間共同決定的目標，往往給人具強制性，等同規章、公約的印象，不過實際上，這些想法並不適用在 SDGs 上。SDGs 從頭到尾都沒有法律上的履行義務，它完全是自發性的行動目標，因此，實踐 SDGs 的方式因人而異，無論是國家或企業、老人或小孩，都歡迎採取別出心裁的相應作法。

唯一的準則是「監測」。2017 年夏天，SDGs 進一步有了 232 個具有度量、監測意義的指標，這些指標框架提供了一個全球統一的度量系統，確保 SDGs 能夠被實踐。當然，並不是有了這 232 個指標就可以全面性監測 SDGs 的達成狀況，這些指標今後會不斷地持續更新，現階段的指標是為了訂出監測的起始點而設。

「監測」也能夠做「比較」，各自的指標落實進度經過比較之後，自然會產生想要迎頭趕上的競爭心態。這正是 SDGs 的企圖心，讓全世界在自由競爭中，留下更好的成績，甚至為了成績而展開良性競爭。

話說回來，為什麼會促成良性競爭呢？因為 SDGs 指出的方向，是歷經了 2 年的國際協商才建構出來的，而且在協商的過程中，進行了聯合國史上規模最大的輿論調查。各種立場相異的人及國家，他們的意見直接或間接透過網路都被送達聯合國，因此在協商時也採納了這些的意見。也就是說，這些目標所涉及的議題都是來自四面八方的歸納與匯整，也是在大家一致認同的，將有助於早日實現目標，到達終點。

另一個促成良性競爭的理由，原來 SDGs 提供了全世界未來進步的方向與視野。今天，世界正從「不可能永續」逐漸朝向「可永續」的方向轉變中。倘若能夠早日實現這些目標，那麼，在未來那個「可永續」的世界便占有一席之地。我們也可以這樣說，下一個世界的領導者究竟由誰勝出的競爭，已經開始了。

沒有人會被拋下的世界

SDGs 的魅力之一，也在於它的理念。創造一個「不拋下任何人」的世界，正是 SDGs 想要實現的理想世界。

SDGs 並非憑空而來，它的前身是「千禧年發展目標」（Millennium Development Goals, 簡稱 MDGs）。於 2000 年開始推動的千禧年發展目標共有 8 個，主要是針對開發中國家的經濟面及社會面所設計。到 2015 年時，也就是當初設定的目標年，用來檢視這 15 年來的成果，在每日收入低於 1.25 美元（約台幣 38 元）的「絕對貧窮人口」減半目標，以及普及基礎教育方面，得到了一定的成效。

不過，把 2015 年的世界掀開一看，可以發現非洲有些地區仍舊「被拋下」，即便是已開發國家，也有所謂的「相對貧窮」，越來越多人在貧富懸殊的社會中，依然深陷在貧窮困境之中。另外，已成為不定時威脅的恐怖攻擊，如果要探究它的原因，追根究柢之後終究是指向貧困和兩極化的貧富落差。

上述這些議題，更凸顯出必須及早確立「不拋下任何人」的世界的重要性。

以未來的角度看現在的世界

假設 SDGs 為人類描繪的是 2030 年的世界樣貌，那麼，我們現在必須要做的是，站在未來的樣貌看今天的世界。

如果從未來的樣貌看現在的世界，我們可以發現想要完成 SDGs 所勾勒出來的世界，有一定的難度。以目標 12 底下的子目標 12.3 來說，該子目標設定「所有的人到 2030 年，個人的食品廢棄物數量要減少一半」。食品廢棄物並不是只有剩菜、廚餘而已，包含食材再加工、料理過程中被丟棄的可食用部分；農作物採收時，因賣相不佳而被丟棄的醜蔬果等等，在源頭、產地就成了食品廢棄物。除此之外，賣剩下的食物、超過賞味期的食物等等，最終的命運也都是淪為廢棄物被丟掉了。食物之所以被丟棄當然有其理由，比方說不丟棄，食品相關業者就賺不了錢，這可說是現今的經濟理論所導致的現象。

我們該如何解決食品廢棄物的問題呢？ SDGs 提供了解決方案，一個站在未來觀點上審視問題的解決之道。以上面提到的例子來說，「到 2030 年，個人的食品廢棄物數量要減少一半。」這個目標便是從整個世界與全體人類下去做考量而訂立的。為了達成目標，檢視現行的經濟型態後，會赫然發現產品賣不出去就丟掉的作法並不恰當，只論外觀、不管營養和味道的產銷方式也不對。

SDGs 提供的是實現未來藍圖的新方法，而彈性十足的創新思考，可說是建構 SDGs 新世界的原動力。▌

新學期開始

開學第一天

我們的學校來了一位新老師

本人我——！

藍皮膚加上
別人沒有的髮型

來自 22 世紀！！

SDGs 社物語

今天的甜點是奄美黑糖糕！！

田中大

這個傢伙叫做田中大，外表看起來像不良少年的老大，但其實有一顆少女心，做起甜點來可以得到 3 顆星★★★。

看了就覺得好吃，吃了更是好吃！

真的好吃耶～這樣才能鼓舞人心。

瀨戶遊戲

這塊我也包了！

旁邊坐的那一位小個頭的學生叫做瀨戶遊戲。該怎麼說好呢？他是從比較鄉下的地方來這兒唸書，似乎過得很辛苦的樣子。

喂，我有一種感覺，不知道是什麼把我們三個湊在一起，

湯本鈴

不過呢，我個人……

命運安排！！

怎麼都想不到我們三個人會在一起。

說得沒錯～

湯本鈴
現在被視為珍貴資產的年輕人，追求時尚的 1980 年代

三個人都是 15 歲

話說回來，

你們怎麼看那個新老師？永續發展目標社（SDGs 社）？

那一定是鬼扯的啦！

我要大步向前，朝向永續邁進！打破所有的界線！

世界本來就不公平，現實本來就很殘酷。

23

於是，

雖然我是一開始就有興趣，不過，拜柏原之賜，阿大和遊戲也來找未來老師。

25

經過一查再查、再三調查之後，答案終於水落石出了，

現在！！

——答案就是，

真假？我們現在這個渾渾噩噩的時代……？

我們清清楚楚地看到現在就是你們這個時代，是人史上非常重要的分歧點！

必須做得更徹底！！

現在！！

我們這個時代！！

於是，

S 山高中 SDGs 社
正式掛牌了

1 消除貧窮

消除貧窮

每日生活費低於 1.9 美元的人口數

(2002) 約 16 億 1,900 萬人

(2015) 約 7 億 3,500 萬人

出處：PovcalNet (The World Bank，世界銀行)

首先，我們可以從圖裡面看到……

貧窮人口減了不少呢！

還有 7 億人……那不就每 10 個人裡面就有 1 個窮人！

世界銀行（The World Bank）將每日生活費低於 1.9 美元（約台幣 60 元）定義為國際貧窮線 *。目前全球有超過 7 億以上的人口，生活在這個極度貧的條件下。每天靠著不到 1.9 美元生活的人，並無法獲得健康所需的基本需求，譬如必要的飲水、食物和醫療；此外，當然也沒有辦法接受教育，使得下一代還是很窮困，始終無法打破貧窮的惡性循環。

貧窮不僅讓生活無以為繼，還會表現在社會的差別待遇上，窮人不被認同，動輒受到社會歧視和排斥，讓他們的生活更加艱難，尤其是女性，往往是極度弱勢的一群。為了扶助貧困、使貧窮自地球上消失，先進國家的國際援助對於開發中國家擺脫貧窮是非常必要的。另一方面，富強的先進國家也會有經濟上和社會上相對弱勢的人，提供給這些人必要的扶助，也是迫切需要的。

除此之外，一旦發生洪水或地震等天災的**襲擊**，無可避免地會有很多人馬上面臨流離失所、頓失生活依靠的困境。這對原本在經濟面就勉強餬口度日的人來說，就頓時陷入新貧或返貧的危機當中。因此，為了遏止新的貧窮人口出現，如何守護瀕臨貧窮風險的族群，也是一大議題。

* 「永續發展目標 SDGs」決議時，國際貧窮線的標準為每日收入低於 1.25 美元（約台幣 38 元），2015 年 10 月調高至 1.9 美元（約台幣 60 元）。

■ 想一想 ■

對貧困的國家、窮苦的人們提供金錢援助很重要。不過，想要全面消除貧窮，除了需要資金的挹注外，提供工作管道，並讓他們習得一技之長，或許更能為他們帶來翻轉命運的機會。在消除貧窮上，不只是「給他們不夠的東西」而已，應該還有更多面向可以著手，大家不妨試著想一想。

改變未來的好點子
《格萊珉銀行》

透過微型信貸改變未來
翻轉貧窮命運

小額貸款的婦女們開始買賣手工藝品。
©Grameen Bank

窮人難以擺脫窮困的枷鎖，原因出在他們沒有資金買工具、材料，無法發展小型事業維生。為什麼不向銀行借錢呢？要知道他們提供不了抵押品，也沒有人願意出面當保證人，因此沒有銀行會對窮人放款，他們想向銀行借錢比登天還難。

對這些人來說，經濟學家穆罕默德·尤努斯簡直就是救世主。1983年，他在孟加拉創辦了格萊珉銀行（註：原文 Grameen，音譯格萊珉，孟加拉文鄉村之意，又稱鄉村銀行。因專門放款給窮人，也稱為窮人銀行），只對拿不出抵押品的赤貧窮人提供小額資金的「微型信貸」。借款人當中有 97% 是女性，雖然借到的金額不多，但已經足夠去買一台縫紉機來縫製衣物賺錢，或者購入材料做手工藝品販售。重要的是微型信貸不是「慈善捐助」，而是一種「融資」，借款人有償還貸款的義務，資金的援助是為了讓她們以自身力量擺脫貧窮。

申請融資時，借款人必須是 5 人一組，彼此互相作保證人，如果有人未能如期還款，其他人也就借不到錢。這種連帶保證的作法，目的在於促進同儕間的彼此支持，也是高還款率的關鍵。

當我們想要幫助貧窮人的時候，應該要先捨棄先入為主的既定印象。這些婦女朋友並不是沒有還款的能力，而是沒有人給她們還款的機會。除了這個微型信貸的創新金融以外，一定還有很多其他方式可以幫助許多人脫離貧窮的惡性循環。

▼2006 年諾貝爾和平獎得主、格萊珉銀行的創辦者穆罕默德·尤努斯（Muhammad Yunus）。

了解更多！▶ Grameen Bank (英文網站)　　　　　http://www.grameen.com

改變未來的好點子
《寺廟零食俱樂部》

將感謝神明恩澤的供品
化作愛心惠及需要的地方

截至 2018 年 3 月，全日本共有 800 間寺廟加入《寺廟零食俱樂部》。透過 39 個團體合作，每個月幫助 9,000 個孩童。
© 寺廟零食俱樂部

三餐都吃不飽的孩子——原本以為離我們很遙遠，沒想到每 7 個日本兒童之中，就有 1 人處於貧困狀態。

相對於此，寺廟佛壇上每天都有信眾供奉的大量食物，是不是可以把這些民眾感謝神明恩惠的供品，分享惠及貧困的人呢？思考這個問題的人叫做松島靖朗，他是奈良縣安養寺的住持。他發起了非營利組織平台——寺廟零食俱樂部，許多寺廟認同他的理念，紛紛共襄盛舉，並且與其他民間團體串連，將食物、零食送往有需要的地方。

松島住持心疼於那些因為各種原因導致生活困頓、找不到人商量、全然孤立無援的人，要如何找到最適合幫助他們的方法。因此他認為除了透過「供品」提供食物援助之外，也可以和不同性質的民間慈善團體共同合作，給予弱勢貧困者最實際又最需要的幫助。為了讓這個計畫能夠順利推動，於是由寺方肩負起「後方支援」的任務，讓民間專業慈善團體擔任「前線直接支援」的援助角色。松島住持邀請大家共同守護弱勢貧困者的計畫，很快地就在全日本順利展開。

也就是說，光靠直接給予援助，並不能夠徹底解決貧窮問題。貧窮的背後有著上百種不同的困難，也不會只有一種解決方法。試著做全面性的整體思考，或許就能發現新的援助方式。

🐧 目標 1 的關鍵字　　**相對貧窮**

我們都會說貧窮，但大家知道貧窮有兩種嗎？窮到無力維持基本生活所需，連一日三餐都出現問題，這是「絕對貧窮」。收入遠低於本國的平均水準，低到連基本生活也不能應付，屬於「相對貧窮」。由於相對貧窮很難從外面看出來，以致無法獲得援助，這是處理相對貧窮棘手的地方。

了解更多！▶　特定非營利組織 寺廟零食俱樂部（日文網站）　　http://otera-oyatsu.club

終結飢餓

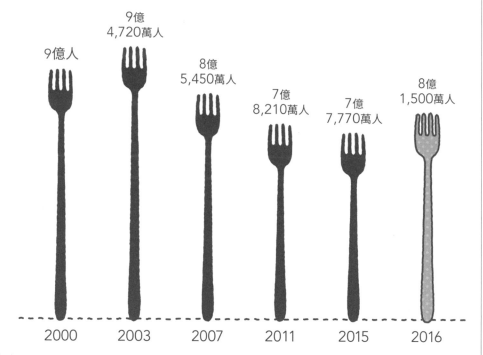

全球飢餓人口數
（營養不良人數）

- 9億人 — 2000
- 9億4,720萬人 — 2003
- 8億5,450萬人 — 2007
- 7億8,210萬人 — 2011
- 7億7,770萬人 — 2015
- 8億1,500萬人 — 2016

出處：2017 世界糧食安全和營養狀況報告 （The State of Food Security and Nutrition in the World 2017，簡稱 FAO，聯合國糧農組織）

全球有將近 8 億的人口活在飢餓當中，尤其是非洲和亞洲地區的開發中國家情況更嚴重。每年有許多孩童因為沒有足夠的糧食，導致營養不良、死於飢餓，即便是存活下來的大人也極度不健康。

非洲和亞洲地區擁有 5 億的小農家庭。想要達成消除飢餓的目標，必須把提高這些小農的生產率和收入列為優先事項。然而，要提高糧食生產率，並不是一味地追求產能就好。如果因為提高產量過度消耗地力、破壞生態，農地終有一天會變成土壤貧瘠的荒原。因此，需要採取更有智慧的方法，協助農業永續經營。

在全世界各種努力下，飢餓人口正在減少，但受到氣候變遷的影響，可耕作的土地可能隨時消失，再加上全球人口仍在持續增加中，國際間又紛爭不斷，飢餓現象有可能越來越嚴重。

總之，光只是增加糧食仍不足以使飢餓絕跡，還要努力設法使飢餓不擴大，兩者同樣不可偏廢。

■ 想一想 ■

飢餓不僅僅只是危及健康而已，飢餓還會對身體造成哪些影響呢？長時間的飢餓感，當然會讓人無法從事需要勞力的工作，此外，也會無法集中精神思考。一旦如此，會出現什麼後果呢？

改變未來的好點子
《共享餐桌》

我的健康一餐
助國際貧童飽一餐

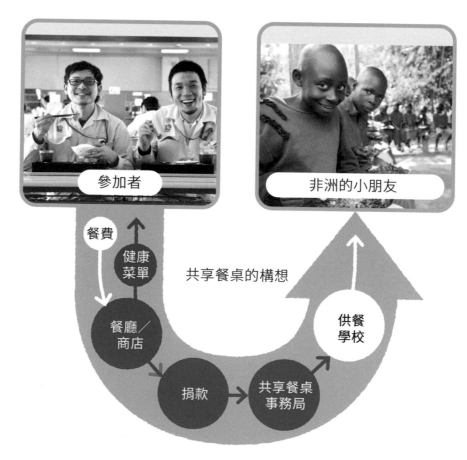

參加者

非洲的小朋友

餐費

健康
菜單

共享餐桌的構想

餐廳／
商店

供餐
學校

捐款

共享餐桌
事務局

（左）參加本活動的企業，員工餐廳皆提供健康菜單。© 日本礙子株式會社
（右）正在享用營養午餐的肯亞小朋友們。©TABLE FOR TWO

在今日，非洲地區仍然有成千上萬的孩子，每天都處在忍受飢餓的痛苦之中。對我們來說，飢餓是件不太真實的事，因為我們的問題是吃得太多，總是在煩惱肥胖。

世界上有人「吃不飽」，而另外有人卻「吃太飽」，這實在非常諷刺，但無論是吃不飽或吃太飽，這兩種人都是不健康的狀態。假如能夠讓他們一起共享食物，就可以一次解決兩個問題了。只是，該怎麼做才辦得到呢？

在日本成立的 TABLE FOR TWO（共享餐桌）組織，就是為了消除食物分配不均衡的問題。TABLE FOR TWO 以分享食物為理念，只要在加入這個活動的飲食店或公司的員工餐廳用餐，每用一份指定餐點，便會有 20 元日圓（約台幣 6 元）捐給開發中國家，能為非洲國家的兒童提供一份營養午餐。也就是說，只要自己吃一餐，非洲國家的孩子們也能有一餐可吃。而且，這些指定餐點都屬於低熱量的健康飲食。也就是說，不需要特別做什麼，只需要像平常一樣三餐飲食，就能夠讓自己和開發中國家的兒童一起變健康。

平凡無奇的日常飲食，只要加上一點小巧思，立即變身為終結飢餓和肥胖問題的有效行動。在我們的日常生活當中，一定還有很多可以幫忙解決全球性問題的好點子。

Q1 為了解決糧食不足的問題，日本貢獻農業研發成果，並使某種作物變得更普及，猜猜是以下哪個？

1. 小麥
2. 稻米
3. 大豆

炒麵一級棒！！

腦袋秀逗了嗎……？

★答案請看 47 頁

了解更多！▶ 特定非營利組織 TABLE FOR TWO International（日文網站）http://jp.tablefor2.org

2 終結飢餓

改變未來的好點子
《校園營養午餐計畫》

企業結合核心本業
幫學校改善營養午餐

本計畫的目標為 2019 年前，提供越南全國 4,062 所學校、大約 142 萬 8,000 名孩童，
人人都有營養均衡的午餐可以吃。本計畫的啟動，同時對永續發展目標 2 及目標 3 都做
出貢獻。
© 味之素株式會社

「沒有食物就給他食物」的單純想法，無法解決飢餓問題。以越南為例，隨著經濟成長，住在都市裡的孩子們吃飽不成問題，所以，對他們來說，食物的「量」不是問題，出問題的是食物的「質」。也就是說，越南孩童面臨營養不良的威脅。

講到和營養有關的事，就需要專家上場了。食品業者越南味之素公司在越南當地啟動了一個協助學校改善膳食的計畫，讓每個學校都能提供給學生營養均衡的午餐。該計畫最初在胡志明市展開，越南味之素為學校設計了一系列熱量控制、營養均衡的菜單，同時製作食育教材，讓小朋友學習營養相關知識。後來，峴港、河內等其他城市也加入了該計畫，成功地將規模擴大了。越南味之素接著還開發了一個可自由設計新菜單的軟體，並且拜訪各地方的小學，協助超過2,000 所以上的學校導入這套系統。

越南味之素協助學校改善營養午餐的計畫並不是慈善事業，它是該公司推廣業務的一環。該計畫中的食譜，所使用的調味料都是越南味之素的產品，越多學校參與這各計畫，就有越多人熟悉他們的產品，這些人都將成為未來的潛在客戶。雙方面互惠互利的機制會比單方面的付出，走得更久更遠。「幫助別人」也「幫助自己」這種一石二鳥的作法，將會更快速地抵達目標終點。

A1　2. 稻米

你是不是也認為非洲國家有很多地方水源不足，不適合進行大規模的稻田耕作呢？

1990 年代研發培育出來的非洲新稻（New Rice for Africa，簡稱 NERICA），即便沒有大量灌溉用水也能耕種，屬於非常耐旱的品種，而且產量豐碩，為缺水、缺糧的非洲大地帶來一道曙光。日本便是協助這個新品種開發，並且指導當地居民稻田耕作技術的幕後英雄。

了解更多！▶ 味之素株式會社 社會、環境篇（日文網站） https://www.ajinomoto.com/jp/activity/csr/resposibility/2017/community.html

健康與福祉

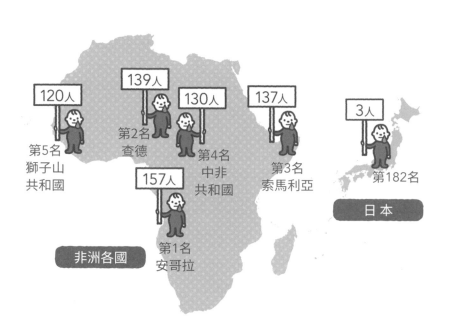

5 歲以下兒童死亡率及排名

- 120人　第5名　獅子山共和國
- 139人　第2名　查德
- 130人　第4名　中非共和國
- 137人　第3名　索馬利亞
- 157人　第1名　安哥拉
- 非洲各國
- 3人　第182名　日本

出處：世界兒童白皮書（聯合國兒童基金會，簡稱 UNICEF）

還要看每班是多少人啦！

一個班級就有3～4人活不下去，這麼高的比率……

48

世界上有一些國家的孩子，還來不及度過 5 歲生日就不幸夭折，而且每 10 位新生兒中就有 1 人，比率並不低。在開發中國家，與醫療和健康有關的知識十分欠缺，或根本付之闕如，瘧疾、結核病和下痢等疾病肆虐，導致這些疾病雖原本可以預防及治療，每年仍奪走數以百萬計的新生命。

此外，在開發中國家的孕婦、產婦、嬰幼兒等死亡率都很高；無論男女老幼，受到愛滋、肺結核等疾病傳染的感染率也很高，對他們的生命造成威脅。令人憂心的是，不論是已開發國家或是開發中國家，因為菸、酒、藥物濫用、交通意外、環境污染等，危害健康問題也是層出不窮。

為了降低可預防、可治療的疾病，以及意外事故對健康所造成的威脅，讓所有人的健康都可以受到保障，需要有各種資源投入醫療環境的改善，讓人們不管有沒有錢，生病了就是要能得到妥當的治療。同時，也要進行並推廣性教育及生育知識，不僅要延長人們的壽命，而且要讓每個人都活得健康。

■ 想一想 ■

為什麼開發中國家會有偏高的產婦死亡率和嬰幼兒死亡率呢？是因為沒有錢看醫生嗎？嬰幼兒得不到足夠的營養嗎？⋯⋯ 想要達成永續發展目標 3，光靠醫療普及化可能還不夠。大家不妨試著想一想，還有哪些目標與目標 3 有關連呢？

改變未來的好點子
《媽媽寶寶健康手冊》

守護媽媽寶寶的健康
小手冊力量大

《媽媽寶寶健康手冊》因應國情有別，內容會隨著調整。例如識字率較低的國家，手冊的設計以照片、圖說為主；某種傳染病盛行率比較高的國家，手冊裡便會提供許多如何預防該疾病的相關健康知識。（攝影協助：ACSIS 株式會社）

大家看過自己的《媽媽寶寶健康手冊》起源自日本，目前全球約有40個國家正在使用。在日本出生的人對這本手冊一定不陌生，不過，大家應該都沒想過這本只有寥寥數頁、薄薄的手冊，其實秘藏著一股大力量。

日本準媽媽可以從《媽媽寶寶健康手冊》中，得知自己和寶寶有關的保健知識。手冊列出了懷孕期間的注意事項、分娩前後的母子狀況、新生兒的成長要點、需要預防接種的疫苗類型及時間等重要資訊。除了提供保健知識以外，手冊同時也登載新生兒接受預防接種及健康檢查的資訊，醫生只要看過手冊就能夠掌握到大致的狀況，即便是首次門診也能順利進行診斷。

二次世界大戰之後，日本的孕婦和嬰兒死亡率居高不下，因此日本率先將《媽媽寶寶健康手冊》納入保健系統。現在，開發中國家的情況和二次大戰後的日本很相似，正處於貧窮困頓的階段，來自世界各地的各種救援行動紛紛在當地展開，而其中的一項方案正是倡導使用這本手冊成為婦幼保健工具，方便針對產婦和嬰幼兒進行健康醫療追蹤，目前全世界已經有數十個國家開始使用。

想要拯救小生命，除了蓋醫院、增加醫生以外，一定還有其他好方法。大家一起腦力激盪，想一想還有哪些方法呢？

編按：在台灣，衛生福利部國民健康署編製了《孕婦衛教手冊》《孕婦健康手冊》《母乳哺育手冊》《早產兒居家照顧手冊》《兒童健康手冊》《兒童衛教手冊》等，並製作電子檔供民眾下載。

Q2 所謂的「三大傳染病」是指哪三種疾病呢？

傳染病就是會傳染給別人的疾病。

那就是打哈欠……沒幹勁……還有一個是什麼呢？

★答案請看 53 頁

了解更多！▶ 特定非營利組織 HANDS（英文網站）　　https://handsproject.asia/en.html

改變未來的好點子
《Zipline 醫療無人機》

從天而降即刻救援
醫療無人機配送

負責配送的無人機在惡劣天氣中飛行，例如即使在強風條件下也能穩定飛行，並能從空中鎖定大約 2 輛汽車的空間，順利將包裹投下送達。
©Zipline International

遠離都市的偏鄉窮村，一位孕婦因分娩而大出血，急需立刻輸血。然而，村子裡並沒有常備血袋，這時候就算能從城裡緊急調送血袋過來，但道路崎嶇難行，車行時間短則幾個小時、長則好幾天，原本能得救的生命也因此無法挽回了。這是普遍存在於非洲國家的醫療困境，再尋常不過了。

不過現在，位於非洲東部的盧安達正在翻轉醫療物資的配送方式。

以往高科技運用在國際援助上，最常聽見的意見莫過於：「支援開發中國家發展高科技，代價非常高昂，而且維修非常困難，比較簡單的低科技還是比較適合他們。」美國的新創公司 Zipline 顛覆了這個既成印象，將最尖端、最先進的高科技運用在偏遠地區的醫療支援上。

Zipline 創立了以無人機遞送血液和其他醫療物資的運輸服務。無人機速度快，維修簡單容易，跟飛機比起來，燃料費和機材費更是大優勢。這個計畫獲得了很多人的支持，來自全球各地的資金讓 Zipline 在盧安達順利展開行動，目前也擴展到其他國家。

即便是在已開發國家，無人機配送系統也能夠深入災區等孤立無援的地方，提供支援物資的運送。未來，已開發國家應該可以從開發中國家解決問題的對策上，得到很多啟發。

A2 瘧疾、HIV ／愛滋、結核病

以蚊子為傳染媒介的瘧疾、透過垂直感染或性行為傳播的愛滋病，以及藉由空氣傳染的結核病，被稱為三大傳染病。傳染病當然不是只有這三種，只是在開發中國家，瘧疾、愛滋、結核病等會特別猖獗，每年奪走數百萬人的性命。

當生病無法工作的人持續增加，就會削減國力，加速國家貧窮，一連串的骨牌效應將使得人民原本足夠的醫療資源，最後終將成為難以斬斷的惡性循環。

了解更多！▶ Zipline（英文網站）　　　　　https://www.flyzipline.com/

優質教育

全球 15 歲以上不識字人口數
*2016 年

7 億 5,000 萬人
每 3 人之中有 2 名女性

出處：Literacy Rates Continue to Rise from One Generation to the Next
（聯合國教科文組織，簡稱 UNESCO）

能夠上學真的要謝天謝地！

你每堂都在睡覺啊……

如果不接受教育和職業訓練，想靠自己的力量過更好的生活，事實上困難重重，很難翻轉人生。在世界各地，15 歲以上不識字的人口，竟然高達 7 億人之多，其中有 3 分之 2 是女性。主要是因為很多地方都不讓女孩去上學。然而，讀書求學並不是小時候才需要，即便長大成人以後也要持續學習。

所以，永續發展目標 4 訂下了不論性別、年齡、經濟能力，所有的人都能夠接受優質教育的目標。為了達成目標，必須投入資金，致力於消弭對女性、少數民族、身心障礙者的歧視與差別待遇，並且解決紛爭動亂等課題也是刻不容緩。想要實現目標 4，如果沒有多管齊下，是無法成功達成的。

教育不單單只是要人們走出不識字的文盲深淵，如何讓人們擁有終身學習的機會，能夠持續自我開發，進而培育出能夠擔負起推動SDGs 重責大任的人才，也是現今面臨的挑戰及議題。

■ 想一想 ■

開發中國家有那麼多孩子沒辦法上學，並不是單純因為貧窮和性別不平等限制了他們受教的機會。大家試著想一想，如果營養不良，身體不健康，能夠有體力去上學嗎？如果家中兄弟姊妹很多，哥哥、姐姐必須照顧嬰兒，能夠有時間去上學嗎？還有很多其他原因，造成無法上學的結果。

改變未來的好點子
《大家的學校計畫》

孩子的教育不能等
學校就讓大家來經營吧！

居民大會上，熱烈討論《大家的學校計畫》。目前已經在西非的尼日爾全國 18,000 所小學推動，大幅提高了就學率，成果豐碩。
©JICA

「孩子去學校也學不到東西。」「老師不夠專業，沒辦法教學生。」在非洲國家，不少父母有這種想法。

教師的素質、技能不足，學校的環境殘破、落後，教育行政凋敝、脆弱，使得人們對整個教育體系產生不信任感和距離感。另一方面，孩子們的共通願望卻是希望能到學校學到知識和技術，讓自己走向成功人生。

非洲的「大家的學校」便是在這樣的背景下產生的計畫。將教師、父母、地方上的熱心人士集結在一起，共同為改善學習環境、促進孩子學習動機展開一連串的計畫，要實現學校就在身邊的理想。

該計畫採取了極具效果的作法，例如籌組學校營運委員會，召開居民大會進行不記名投票，針對孩子的識字、計算等基本能力，每年進行數次檢視並討論出補救的方法。在這個計畫裡，孩子的學習現況是「大家」必須共同承擔來提升，於是大家自動自發貢獻一己之力，盡可能支援學校的教育活動，幫助孩子學習，也同時協助改善學習環境。因此，有的人替孩子補習，有的人修繕教室，有的人整頓廁所。

學校從國家蓋給孩子們讀書的地方，變成大家蓋給未來希望的場所。非洲人口仍不斷持續增加，但他們憑藉著「眾人之力」挑戰教育議題，以全新的學校模式支撐起下一代的教育學習。除了教育以外，可以靠「大家」一同解決的議題，還有很多、很多呢。

 目標 4 的關鍵字 **ESD 永續發展教育**

社會需要培養世界公民，因為世界公民是達成永續發展的重要基礎，他們具有考量未來世代、其他國家，以及地球環境的思辨力與行動力。將世界公民意識的理念融入教學，傳遞給學子必要的知識，促使學子改變行動的教育，就是「永續發展教育（Education for Sustainable Development，簡稱 ESD）」。日本現在有越來越多的學校將 ESD 列入課程。

了解更多！ ▶ 大家的學校計畫（日文網站）　https://www.jica.go.jp/60th/africa/niger_01.html

改變未來的好點子
《綠色學校》

以大自然為師
培育未來地球人

打破「學校」刻板印象的校園，教室沒有門、沒有牆壁，所有的校舍都是以竹子為建材，就連桌子、椅子、遊樂設施也都是用竹子製成。
©Courtesy of Green School Bali

你能夠想像自己上學讀書的學校，周圍環繞著一大片茂密叢林的景象嗎？校舍全部用竹子搭建，教室沒有牆壁，也沒有門。置身在這樣的環境裡，學生可以學習如何善用大自然的恩賜，深刻體認與大自然共生的重要性，不僅如此，一切的學習不只是用腦袋想，還要用心領會，進而培養出清明通透的邏輯思考能力。

世界上確實有這麼一所學校，它就坐落在印尼的峇里島，來自世界各個角落 400 多位學生在這裡接受綠色教育，他們的年齡在 3 ～ 18 歲之間。廣闊的校園裡有菜園、有農田，學生們在菜園裡以無農藥的有機農法種植自己的食物。學校使用的電力來自好幾種再生能源，用電量只有一般學校的 10 分之 1 而已。在校園裡，人、動物、植物產生的有機廢棄物，完全在校園裡進行處理、利用，最後都百分之百回歸大地。

在這種極度環保的環境中所進行的教育理念和教育方式，鼓勵並觸發孩子尊重多樣性，能夠讓孩子在潛移默化中養成不受框架制約的「想像力」和「創造性」思維。孩子們也主動、積極地投入解決環境問題的活動。

只有培育出能夠讓社會可永續的人，社會才能夠永續。綠色學校的創辦人約翰‧哈帝（John Hardy）認為，想要讓孩子們了解「什麼是永續」，就必須對孩子融入動手體驗的教育，強調在實踐中學習，才能親身感受「何謂永續」。如果是你，在綠色學校裡會感受到什麼？又會怎麼參與呢？

▼ 乾季時，學生們在校園的田地收割稻米。

了解更多！▶ 　Green School（英文網站）　　　　https://www.greenschool.org

性 別 平 權

性別差距指數評分

* 數值越接近 1，代表性別差距越小（調查對象涵蓋 144 個國家），2017 年

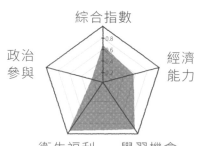

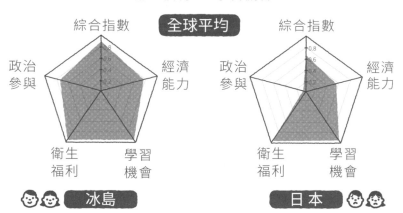

出處：全球性別差距報告（The Goble Gender Gap Report 2017，世界經濟論壇）

世界上有很多女孩無法上學，只因為她是女孩。對女性抱持性別歧視的國家還有很多，這些國家的女性，未成年就要被迫結婚、被迫生育傳宗接代、被迫承擔一切家務、做粗重工作，這些不平等作為全部都被視為理所當然。

更令人痛心的是，甚至對女性施以「女性割禮」等酷刑（註：又稱為「女陰殘割」或「女陰切割」。每年的 2 月 6 日是聯合國的國際女性生殖器切割零容忍日），施以性壓榨的人口販賣，而在日常生活中經常受暴力傷害的女性也不在少數。

諸如此類迫害女性的情況，在開發中國家特別嚴重，不過，無論是開發中國家或已開發國家，在就業、薪酬、家事分擔、財產分配與社會地位等各方面，女性都被迫接受著各種不同的差別待遇。

女性占了總人口數的一半，如果因為性別不平等，導致占比一半的女性不能夠充分發揮自身的能力，恐怕將造成人類在社會和經濟上無法永續發展的後果。目標 5 便是在呼籲各國盡快進行社會變革，修正制度和改變習俗，讓女性能夠決定自己的人生，發揮自己的能力。

■ 想一想 ■

因為「與生俱來的生理性別」（即男性或女性）遭受到歧視和不公平對待者，並不會只發生在女性的身上而已。大家不妨試著想一想，如果用「性別平權即兩性平等」的想法來看，是不是會遺漏掉什麼人呢？　（編按：兩性是指男性和女性，性別則包括各種性傾向者，例如同性戀等）

改變未來的好點子
《夏克緹舞蹈團》

以舞蹈的感染力
打破階級與性別歧視

由首陀羅的女孩們組成的「夏克緹舞蹈團」，在自古信仰的泰米爾大地眾神祉前，擊響正義的 Parai 太鼓。
©Rajarajan-Tamilanstudio／Sakthi Folk Cultural Centre

身穿美麗的服飾，舞出力與美的少女舞者。根深蒂固於印度社會中的身分階級觀念，至今仍揮之不去。位在印度種姓制度金字塔最底層者，而「夏克緹舞蹈團」正是這群首陀羅少女所組成。自古以來，女性在印度社會中的地位非常低下，甚至於被視為「賤民」。生為首陀羅的女性，一來到這世上就遭到雙重的性別與階級歧視，始終深受其害，不但得不到受教的機會，更有為數眾多的首陀羅女性不得不當奴工被剝削、被迫賣淫，甚至遭受性侵害而喪失生命。

為了改變這種毫無人性的現狀，錢德拉修女決定透過舞蹈幫助她們扭轉人生。她為首陀羅女性設立了一座收容中心，教她們將來能夠自力更生的知識和技術，同時讓她們接受民俗舞蹈的訓練，組成「夏克緹舞蹈團」，進行公演活動。從舞蹈中甦醒的藝術潛能激發了少女們的自尊心，她們一面擊響象徵受到壓抑、名之為 Parai（註：印度最古老的鼓之一）的太鼓，一面奮力舞出自己的生命旋律。她們的舞蹈跨越身分和地位，把內心對反歧視的吶喊，透過肢體的舞動表現出來，直接傳達到觀眾的內心深處。

幫助遭受到歧視的人找回自信，並呼籲社會重視不公不義的問題。有什麼方法可以同時完成這兩件事呢？藝術，具有感動人心的力量，不失為可行的方法之一。

Q3 女性國會議員比例最高的國家是哪一個？

1. 盧安達
2. 日本
3. 美國

印象中好像是北歐……？

沒有這個選項啦！

★答案請看 65 頁

1 消除貧窮
2 終結飢餓
3 健康與福祉
4 優質教育
5 性別平權
6 潔淨水資源
7 可負擔能源
8 良好工作與經濟成長
9 工業化、創新及基礎建設
10 消弭不平等
11 永續城鄉
12 責任消費與生產循環
13 氣候變遷對策
14 海洋生態
15 陸域生態
16 公平、正義與和平
17 全球夥伴關係

63

改變未來的好點子
《Roominate 科學工程玩具》

寓教於樂的玩具
讓女生也可以當工程師

創立於 2012 年的 Roominate，不僅可以讓女孩用積木親手打造屬於自己的科學工程玩具王國。
© Roominate

明明想要一個機器人玩具，可是拿到的卻是絨毛娃娃。受到社會刻板印象的禁錮，女生要玩這個，男生要玩那個，根據這種既定的性別觀念挑選的玩具，可說是孩子們最先接受到的性別不平等待遇。

從事需要邏輯性思考工作的女性，人數比較少的原因，並不是女生不喜歡數理化，而是她們從小就很少接觸到可以激發對理科產生興趣的玩具。現在，這個狀況改變了！

從女孩的角度設計的 STEM 玩具越來越多了。Roominate 就是這類玩具的先驅之一。乍看之下，Roominate 組裝出來的小屋並沒有什麼特別的地方，不過，它可不是單純的積木拼組而已，Roominate 的小屋可以裝上馬達啟動電器、電扇，還可以接上電線連成回路開燈、關燈。這些配置能夠教女孩一些基礎 STEM 的概念和實作技巧。創立人之一，曾在麻省理工學院就讀機械工程的愛麗絲·布魯克（Alice Brooks）表示：「希望女孩從遊戲當中，能夠發現原來女生什麼都做得來。」

原本是提供歡樂的玩具，竟然成了剝奪女性機會的工具。看到這裡，是不是有人感到震驚？ 其實，我們周遭存在著很多類似的性別禁錮，只是不自覺。 難以察覺、被輕忽就形成了問題。 為了解決問題，第一步就是檢視自己的周遭是否潛藏著性別不平等的現象。

編按：STEM 是科學（Science）、技術（Technology）、工程（Engineering）和數學（Math）四個學科的縮寫，主要目的為激發兒童對 STEM 產生興趣而設計的益智玩具。

A3　1. 盧安達

位在東非的盧安達，國會議員當中，女性議員的人數過半，比例高達 61%。 相對於此，日本的女性議員比例只有 10% 而已，在 193 個國家中，排名第 158 位，而且在已開發國家中排行墊底，這實在是令人感到遺憾的事。 另外，美國的女性議員人數也低的令人意外，以 19% 的占比排在全球排名第 100 位。

出處：Women In National Parliaments（簡稱IPU，國際國會聯盟，2018 年 1 月）

了解更多！▶ Roominate（英文網站）　　https://www.playmonster.com/roominate-alice-brooks/

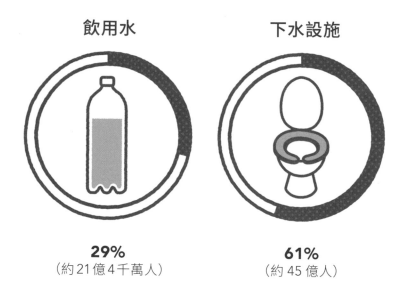

潔淨水資源

全球缺乏安全用水的人口比例
*2015 年

飲用水

下水設施

29%
（約 21 億 4 千萬人）

61%
（約 45 億人）

出處：Progress on DrinkingWater, Sanitation and Hygiene: 2017 Update and SDG Baseline
（WHO, UNICEF） 人數按 World Population Prospects 2017 (UN) 資料算出

全球目前有超過 21 億的人口缺乏安全的飲用水，這些人喝的水都沒有受到妥善的管理。除此之外，每年有多達 150 萬名兒童死於不安全用水所引起的下痢，而這些不安全的用水肇因於水源、地下水受到污染，污染源來自人類、牲畜的糞便和工廠的廢水、污水等直接排入河川、湖泊或滲入土壤所導致。

今後，在人口日益增加的趨勢中及氣候變遷的影響下，人類將面臨越來越嚴峻的水資源不足問題。一旦水成為難以取得的資源，未來只能以更高的代價去換取安全的用水。如此一來，對貧窮地區的人來說，更是雪上加霜，受害更深。

為了防止水資源匱乏引發危機，現階段應促使開發中國家的上、下水處理系統更完善，並且落實水資源回收再利用。同時，必須從自然環境考量，積極保護及復育全球的淡水資源，例如恢復及保育山地、森林、河川、湖泊和濕地的面積及其生態系統等，讓每個人都有持續不斷的水資源可以使用。

■ 想一想 ■

由於水源缺乏，開發中國家有不少地區的居民為了取水，每天必須花好幾個小時徒步奔波好幾公里。取水的工作往往落在婦女和孩童的身上。大家不妨試著想一想，婦女和孩童們為了取水不得不做哪些犧牲呢？

改變未來的好點子
《金三角生態環保廁所》

善用植物及微生物的潔淨力
還原乾淨好水

生態環保廁所的運作機制

家中設置廁所供
家人排泄。

排泄物直接排入與廁所相
接的汽油桶,在桶內經厭
氧(無氧)消化處理後,
排放到湖面上的人工濕
地。

人工濕地裡的植物和微
生物,吸收排泄物殘餘
的有害物質,並將它們
再次分解。

生態環保廁所就設計在家裡,採最低限度維護的設計,可長期使用。
©WaterAid／Kim Hak

我們每人每天大約使用 300 公升的水，高達 99% 的生活用水都是清潔用途，例如用來洗澡、洗手、洗衣服、洗碗盤、沖廁所等等。 為了過著乾淨衛生的生活，通常潔淨水源和使用過的污水都會各行其道，因為使用過的污水如果直接排出自然界的話，就會使珍貴的水源受到污染。

這裡是柬埔寨的洞里薩湖，大約有 10 萬人住在湖上的水上浮村，他們世世代代以湖維生，生活用水就地取自湖中，糞尿及清潔等生活污水也直接排入湖中，村民又取湖水飲用。 隨著人口的增加，水質越來越惡劣，很多孩童因為喝了被污染的湖水，健康受到嚴重威脅。

為了遏止污染、改善水源環境，水上淨水設備 HandyPod 普及化的計畫開始展開。 含有有害物質的污水和屎尿先在桶內進行作初步處理，再利用布袋蓮等植物以及微生物的吸收、分解作用，進行後續處理。 由於設備所需的材料都取自當地，設置費用低廉。 如果有越多的水上人家使用這套生態環保廁所，就越能減輕湖水的污染程度。

我們平常並不會特別去關注生活污水的排放。 如何降低下水的污染？ 或者如何將這些生活用水進一步回收再利用？ 諸如此類的問題都與守護水資源，以及我們的生活息息相關。

▼ 終日與洞里薩湖為伍的水上浮村居民。©WaterAid ／ Laura Summerton

了解更多！▶ 特定非營利組織 WaterAid Japan 部落格（日文網站）　https://www.wateraid.
org/jp/blogs/the-handypod-chronicles/

改變未來的好點子
《瓦爾卡集水塔》

向天空要水喝
看不到、喝得到的空氣水

2015 年，外形如同花瓶般偌大的集水塔，穩穩地豎立在衣索比亞的多爾茲（Dorze），目前仍在試運轉階段，但已經有其他地區跟進，陸續加入集水計畫。

沒有河流經過的地方如果需要用水的話，你會怎麼做呢？找出最近的河川或湖泊去取水？或者向地下掘井取水呢？話說回來，到河川或湖泊取一趟水回來，有可能需要步行數公里、花上數小時，往地下掘井也不一定能找到乾淨的水源。

位在非洲乾燥地帶的衣索比亞，無法獲得潔淨用水的居民多到不可勝數，設計師奧特羅‧維特里（Arturo Vittori）一直在思索除了河湖水井之外，是否可以開發出其他水源供當地居民使用，最後他把腦筋動到了空氣中的水蒸氣上頭。

瓦爾卡集水塔（Warka Water）的核心設計構想，就是用尼龍和聚丙烯等纖維織成的捕霧網，它可以捕捉空氣中任何一絲的水氣，使其凝結成水滴。捕霧網外罩以竹子編製而成的大型竹籃作為集水塔的骨架。瓦爾卡集水塔一天可以收集 100 公升左右的乾淨用水。其實，空氣裡頭的水蒸氣含量，是地球所有河川水量加總以後的 8 倍，維特里以創新的思維加以活用。

事實上，自然界中確實存在著十分善於利用空氣中的水達人。生活在非洲的納米比沙漠的沐霧甲蟲就是一例。牠們能夠倒立，然後以背部的突起捕捉水蒸氣，再把水蒸氣撥聚成水滴滾入口中飲用。困擾人類的問題，大自然裡的生物卻能輕鬆、有效地予以解決，而大自然當中還有許多智慧值得我們師法。

▼ 集水塔可融入當地的地景、凸顯村落的特色，做各種不同造型的設計。©Arturo Vittori-Architecture and Vision

了解更多！▶ Warka Water（英文網站）　　　　https://www.warkawater.org

可負擔能源

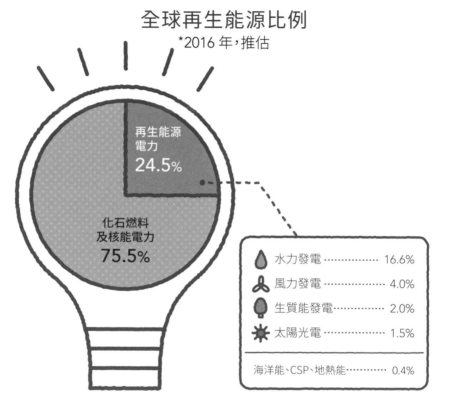

全球再生能源比例
*2016 年，推估

再生能源
電力
24.5%

化石燃料
及核能電力
75.5%

💧 水力發電	·············	16.6%
🌀 風力發電	·············	4.0%
🌱 生質能發電	·············	2.0%
☀ 太陽光電	·············	1.5%
海洋能、CSP、地熱能	·············	0.4%

編按：CSP（聚光式太陽能），能同時發電與儲能。
出處：Advancing the Global Renewable Energy Transition（REN21, 2017）

全部都用太陽能發電，不就得了？

那太陽下山以後怎麼辦？

全世界仍有超過 12 億的人口，過著無電可用的生活。在這些地區，他們在家中燒柴做飯、燒炭取暖，污染了自己居住的室內空氣，嚴重危害身體健康。除了健康以外，沒有電也阻礙他們接受教育、發展經濟，因為太陽下山後就沒辦法讀書、寫字和工作了。

有電的地方又是如何呢？目前主要的發電仍是依賴煤、石油、天然氣等化石燃料轉換而來的傳統能源。前面這幾項化石資源不僅有限，而且還會產生溫室效應氣體，地球上越多人使用，氣候變遷就會越劇烈。

因此，提高能源的使用效率與再生能源的比例，兩者雙管齊下，才是解決上述兩大課題的最佳方案。

不過，對開發中國家來說，再多的綠色能源也無濟於事，因為電費的負擔會阻礙他們取得電力。因此，必須要設計出更好的機制、開發出效能更佳的技術，提供低廉的綠色能源，才能幫助面臨能源困境的國家進行能源轉型。

■　想一想　■

從發電來看，日本再生能源占發電的比例不到 20%，低於全球的平均值。大家不妨試著想一想，為什麼日本再生能源的成長率遲遲不見進展呢？

7 可負擔能源

改變未來的好點子
《非洲綠色能源》

點燃綠色爐火
力抗非洲的空氣污染

非洲綠色能源公司本部設於荷蘭，主要工廠設於非洲南部的賴索托。民眾可以透過網路
購買試用品。
©African Clean Energy

只要轉一下開關就可以點燃熊熊的爐火，這不是極其稀鬆平常的事嗎？然而，在電器、瓦斯不普及的撒哈拉沙漠以南的非洲地區，居民到今天還在用木炭、煤炭、落葉枯枝做燃料，用無效率爐具烹煮食物。在燃燒取火、用火的過程中，會釋放大量的有害煙塵，造成空氣污染，因為長期吸入滯留在屋內的有害物質導致死亡的人不計其數。

成立於 2011 年的非洲綠色能源公司（African Clean Energy），在非洲南部地區推廣綠色氣化爐，為永續能源而努力。非洲綠色能源研發的高效生質能氣化爐，以木屑、畜糞等一切可燃性物質為燃料，是一種燃燒天然氣的升級設計，可以大幅抑制廢氣生成，因此排出的煙氣比傳統爐少很多，而且不需要使用太多燃料即可得到所需的效能。

由於該爐使用的燃料多元且容易取得，婦女和孩童不需要花時間、花工夫去撿拾或收集薪柴，居民也不用為了取得木柴砍伐樹木，可有效保護森林。除此之外，非洲綠色能源公司為居民設計的風扇電池，可以利用太陽能充電，還可以作為手機的充電器或 LED 燈的電力，真是一物多用。

世界上，每個人居住的環境都不盡相同，對我們而言十分便利的事物，有可能是其他人極待解決的問題，重要的是必須因應實際的需求，設計出量身訂做的解決方案。

Q4 全世界風力發電量最大的國家是哪一國？

1. 德國
2. 美國
3. 中國

★答案請看 77 頁

了解更多！▶ 非洲綠色能源公司（英文網站）　　　https://www.africancleanenergy.com

改變未來的好點子
《太陽能屋頂•屋瓦》

綠能也可以很美麗！
不會破壞景觀的太陽能光電板

用戶有平滑瓦（Smooth）和板岩（Slate）等四種太陽能瓦片可以選擇。看起來不像太陽能光電板的設計，絲毫無損於應有的發電效率。
©Tesla Motors

能源是支撐我們能夠天天過著便利生活的功臣之一。不過，無論是核能發電或火力發電都有安全面和環境面的疑慮，跟這些能源比起來，太陽能發電系統運轉時，不會產生溫室效應氣體，也不會產生任何廢棄物、廢氣、廢水、噪音和震動，再加上安裝上並沒有太多的限制，因此近年來太陽能發電廠不斷增加。

儘管太陽能發電好處多多，但還是有潛在的問題。例如，很多太陽光電廠設在休耕農地或在山林間闢地，這些人造的太陽能光電板和負責支撐的鐵架無法融入周遭地景，在山林、森林等自然景物中顯得格格不入，常被詬病嚴重破壞景觀。

為了解決這個問題，美國的特斯拉公司推出與屋頂一體成形的儲能電池「太陽能屋頂・瓦片」。特斯拉的太陽能瓦片可直接當作屋瓦安裝在屋頂，它在陽光下呈現出透明玻璃外觀，但從斜面角度看，太陽能屋瓦與一般屋頂無異，一點兒也不透明，因此對整體美觀不會產生任何影響。

開發電動車聞名的特斯拉，以具有美感的太陽能屋瓦設計，讓我們也能夠在家用綠電實踐能源轉型。像太陽能屋瓦一樣，透過創意產品讓綠能融入我們的生活當中，一步一步實現不再依賴石油的美好生活。

科技一日千里，景觀問題很容易被忽視，只要突破這個盲點，問題也會迎刃而解。

A4　3. 中國

大家可能會感到意外吧，想不到風力發電量最大的國家竟然是中國，而且發電量是美國的 2 倍以上。以零核電為目標的德國則是第 3 名。擁有適合風力發電的海岸線及海域的日本，排名第 19 名。

出處：Global Wind Statistics 2017（簡稱 GWEC，全球風能協會）

了解更多！▶ Tesla Sola Roof（英文網站）　　　　https://www.tesla.com/solarroof

良好工作與經濟成長

8 良好工作
與經濟成長

全球童工人數
*2016 年

約 1 億 5,200 萬人
占全球孩童人數的 10 分之 1

出處：聯合國國際勞工組織（ILO, 2017）

每 10 位兒童就有 1 人是童工……

讀書和工作讓我選，我寧可選工作！

……沒有選擇的自由啊……

過度的勞動導致勞工「過勞死」的問題，在日本早已是不爭的事實。政府和企業只著眼於追求經濟成長，長期犧牲勞工的福利，把勞工的人身安全、教育訓練、薪資報酬等拋在腦後，人民過著沒有品質可言的生活。永續發展目標 8 就是在呼籲以經濟成長為重的同時，也要兼顧勞工權益，讓人人都有一份好工作。

開發中國家有著嚴重的失業率，以及兒童被迫勞動等問題。孩子與雇主之間不但無法進行對等的交涉，甚至像奴隸一樣被賣來賣去。已開發國家除了面臨過勞死的議題以外，也必須改善女性、年輕人、身心障礙者、新移民等弱勢族群，在就業、薪酬以及勞動環境等問題。

經濟成長不該建立在犧牲人民的生活上，經濟成長必須是包容且永續的。為了達成這個目標，需要運用智慧讓社會改變、讓每個人都擁有一份有尊嚴的好工作。

■ 想一想 ■

根據預測，未來有一些職業將被人工智慧取代。科技不斷地發展，有尊嚴的好工作會出現怎麼樣的變革呢？

改變未來的好點子
《塔拉手工書出版社》

廣受全球書迷喜愛
依然堅持小而美

塔拉手工書出版社共有 15 名員工，除了辦公室的夥伴以外，目前大約有 25 位藝術家在
製書工坊工作 。
©Tara Books

由裝幀師以純手工一頁頁刷出來的美麗圖片與文字。這些如同藝術的出版品，來自印度一家名為塔拉手工書的出版社（Tara Books），以出版絹印繪本聞名全球。雖然出版社常收到來自世界各地的大量訂單，但兩位女性創辦人並不想擴大營業的規模。照理說營業規模越大，公司的獲利就越大，同時也有更多的讀者可以看到塔拉手工的書。但是，她們為什麼不願意將規模做大呢？

兩位創辦人不約而同地表示：「公司雇用太多人的話，員工就感受不到自己對公司的意義、在公司的重要性，也就做不出好的書本了。」她們也認為與其讓員工為了產量從早做到晚，不如讓他們專注在品質上，用心把書做好。不擴大營業，不僅是為員工著想，也是為公司著想。

只要銷路好就應該擴大規模，這是企業經營的常識，但這樣做對消費者、對員工來說，真的是幸福的事嗎？一旦把擴大規模當成目的，工作帶給人的成就感反而會降低，而且往往必須犧牲掉生活的品質和商品的品質，不是嗎？

印度這家小巧精緻的出版社，讓我們深刻反省追求無止境的成長不是理所當然，讓與企業有關的所有人都能獲得幸福，才是企業應有的狀態和目標。

▼ 塔拉出版社的創辦人吉塔・沃爾夫（Gita Wolf，右）及 V Gita（吉塔，左）。在印度算是少數的女性經營者，能夠獲得全世界的肯定，很難得。© 吉次史成

了解更多！ ▶ Tara Books（英文網站）　　　　https://www.tarabooks.com

改變未來的好點子
《星期六小商家日》

「到小店家買東西！」
助地方經濟一臂之力

「星期六小商家日」構想源自美國，推出後獲得熱烈迴響，引起包含日本在內的世界各國爭相仿效。照片為在西雅圖參加「星期六小商家日」的精釀啤酒館。
Photo: AP／Aflo

現在只要上網就能很快找到自己想要的東西，或者走一趟購物中心，想買什麼，應有盡有，十分便利。不過，大家有沒有想過，被我們花掉的錢究竟去了哪裡？實際上，不管交易再怎麼熱絡，我們所居住的地區並沒有因此受惠，因為錢都流出去了。

如果我們向在地的商家購物、消費，又會如何呢？店家賣出了商品有了收入，就可以向當地的廠商購買材料、用材料做成商品，再賣給當地的消費者，因此像這種情況，消費者的錢是在當地不停地循環，將有助於促進地方經濟繁榮。

為了讓錢流在地循環，美國運通（American Express）自 2010 年開始發起「星期六小商家日」（Small Business Saturday）活動。美國感恩節（每年的 11 月的第四個星期四）的傳統之一就是買禮物，大型商場等依慣例在感恩節的隔天開始一年一度的大促銷，推動購物熱潮；美國運通則選在感恩節隔天的星期六舉辦小商家日，鼓勵消費者在當地商店購物消費！

美國運通透過海報、傳單、社群媒體等各種管道宣傳該活動，成功地吸引許多在地商家和消費者熱情參與，引起很大的迴響。如今「星期六小商家日」活動已成為許多社區、城鎮的例行活動。

我們每個人的消費行為都可以成為幫助地方、社區發展的力量。下次購物時，請一定要想一想向哪家商店購物，可以讓相同的消費金額發揮加倍的力量。

目標 8 的關鍵字　有尊嚴的工作

希望人人都能透過工作過著有意義、有品質的生活，也就是所有人能夠有一份尊嚴工作（Decent Work）。政府要做的並非只是降低、消滅失業率等「數值」而已，還必須關注勞動的「品質」課題，使勞動權益受到保障，永續的經濟成長才可能實現。

了解更多！▶ American Express Small Business Saturday（英文網站）
https://www.americanexpress.com/us/small-business/shop-small/

1 消除貧窮
2 終結飢餓
3 健康與福祉
4 優質教育
5 性別平權
6 淨水與衛生
7 可負擔能源
8 良好工作與經濟成長
9 工業化、創新及基礎建設
10 消弭不平等
11 永續城鄉
12 責任消費與生產循環
13 氣候變遷對策
14 海洋生態
15 陸域生態
16 公平、正義與和平
17 全球夥伴關係

工業化、創新及基礎建設

全球網際網路普及率
*2017 年

約 **81%**

已開發國家

約 **40%**

開發中國家

約 **18%**

最低度開發國家

出處：ICT Facts and Figures 2017 （ITU）

世界各地天然災害不斷增加，一旦維繫人民生活的交通網、電力網、配水管、下水道等基礎建設，遇到突如其來的天災襲擊，幾乎很難毫髮無傷。因此，對已開發國家來說，都市本身必須具備在災害中迅速復原的能力，好讓提供生活所需的基礎建設能夠早日恢復，這就是具有「韌性」的基礎建設。

另一方面，開發中國家為了發展新興產業以帶動經濟成長，各種基礎建設的需求就更迫切，舉凡交通運輸、水力、電力以及電信網路、銀行等支撐社會及經濟的各項機關建設，都需要有一定的完成度。

除此之外，某些由少數人把持、需要耗用大量資源的產業造成財富分配不均、資源耗竭等問題也日益嚴重。我們的社會需要的是任何人都能夠公平參與的產業，而且是能夠有效率地使用資源的永續性產業，為了達成這個目標，需要技術創新。在技術創新過程中，有些研究開發即便無法使國家和企業立即受益，而是要花更長的時間才能有成果出現，同樣也是非常重要的。

■ 想一想 ■

在已開發國家，先是室內電話普及之後，才出現行動電話。相對於此，非洲國家在電信方面，直接進入無線通信階段，因此，他們的行動電話比室內電話普遍。當突破性的創新技術問世後，開發中國家因為沒有既有設施須更新之類的包袱，所以可以立即採用。大家不妨試著想一想，除了通信方面的行動電話以外，其他領域是不是也有類似的情況呢？

9 工業化、創新及基礎建設

改變未來的好點子
《企業志工計畫》

讓專業人才發揮強項與熱情
協助其他國解決社會議題

印尼的社會企業代表正在和企業志工（食品公司研發人員）討論事情。中間為 CROSS FIELDS 的工作人員。
©CROSS FIELDS

搭電車時，你是不是有過「面無表情的大人特別顯眼」的感受？終日被眼前的目標、計畫追著跑，對工作無感、對社會冷漠，這或許是大部分日本上班族的寫照吧。

由 NPO 法人 CROSS FIELDS 發想的「企業志工」計畫，以「能夠培養具全球視野的領導人才」、「有助於開創新創事業」、「留職者深刻體認到工作的意義，能為組織注入熱情及新思維，使組織活性化」等諸多好處，備受日本企業的關注。參加這個計畫的企業志工，將被派遣至新興國家數個月不等。在這期間，他們將以自身的專業技能和知識，協同當地的非政府組織和企業一起解決該地的社會議題。創立於 2011 年的 CROSS FIELDS，截至 2017 年為止，已派遣超過 70 個團體、130 名以上的企業志工到 10 個國家服務。

舉例來說，「利用農產品進行食品開發，為農村創造就業機會，同時改善居民的生活。」（食品公司研發人員）、「為缺電地區的居民製造太陽能烹調器具，由於價格低廉，貧窮者也負擔得起。」（電機製造公司研發人員）。身在異地要解決跟人有關的問題，當然不會是輕鬆的經驗，但是參與者也能從中重新發現工作本來的意義和價值。

日本擁有許多企業經營的智慧和經驗。如果有「舞台」能夠讓企業員工發揮這些強項，去幫助他人解決社會問題，抱持熱忱工作的人應該會有增無減，世界也會改變。如果想要更多這樣子的舞台，我們應該如何做呢？

目標 9 的關鍵字　具韌性的基礎建設

所謂的「韌性」，並不是指不論發生什麼事都牢不可破、堅不可摧，而是說在變動過後，還能夠提供最低限度的機能運作、做最迅速的復原。氣候變遷自然災害日益增多的今天，韌性絕對是基礎建設是否完備的關鍵。

了解更多！▶ 特定非營利法人 CROSS FIELDS（英文網站）　　　http://en.crossfields.jp/

改變未來的好點子
《CRISIS 開放街圖社群》

救災即時總動員
共畫一張災區地圖

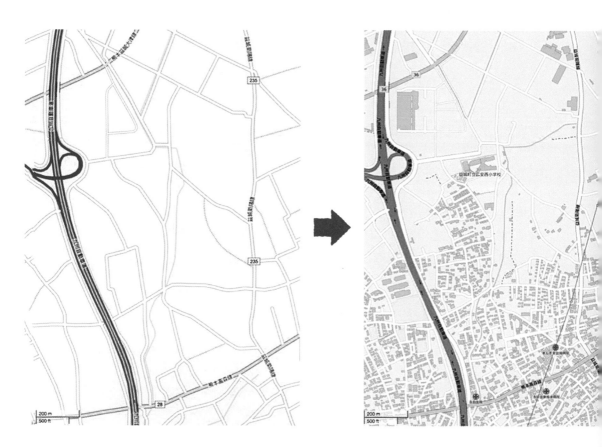

2016 年 4 月熊本地震時，CRISIS 開放街圖社群成員在短短一天的時間內，就將位於震災中央的益城町的最新災情地圖繪製完成，而且鉅細靡遺。
▶（右頁）在「CRISIS 開放街圖」繪圖活動中大顯身手的無人機，該機屬於固定翼型無人機，具有航程長的優勢。
©CRISISMAPPER・JAPAN

災難發生時，都會希望救援物資儘快送到災民的手中。然而，道路可能被土石掩埋，難以通達，是否還有其他安全的道路可以盡速前往呢？

當重大災害發生時，災區道路、標的建物等都可能遭到破壞，地形地貌也可能發生變化。遇到這種救災的緊急時刻，以社群方式號召網友投入災區繪圖的「Crisis Mapping」活動，大大的派上用場。圖客（mapper）透過 SNS 網站的投稿、無人機空拍圖、自動導航和行動電話的定位系統等各種管道收集資訊，經過整理後，操作線上編輯器，就能產出地圖，協助救災。

由於隨時隨地都有圖客在更新地圖，救難人員可以根據最新的圖資因地制宜、臨機應變，救災行動變得更機動、更迅速。同時，開放街圖屬於公眾共享，任何人都可以自由列印、影印、轉發使用。2010 年，海地發生大地震，群眾上網繪製災區地圖，成功協助第一線救災單位展開救援，自此開放街圖受到矚目。開放街圖在東日本大震災、伊豆大島風災、熊本地震也都發揮了一定的圖資支援功用。

「Crisis 開放街圖社群」讓繪圖活動變成一種救災支援，這要歸功於 Open Street Map（簡稱 OSM，開放街圖）網站的創建成功。OSM 跟一般地圖不一樣，版權為開放資料庫授權，任何人都可以自由使用而不用擔心有著作權的問題。任何人都可以註冊製作自己的地圖，也是 OSM 的一大特色。在網路上以開放的授權與格式，收集大家的知識與智慧，由群眾共治，成果也由群眾共享。只要能夠活用類似的架構，很多問題都可以迎刃而解，我們居住的都市會更安全、更宜居。你希望解決什麼樣的問題呢？

了解更多！▶ 特定非營利活動法人 Crisis Mappers.Japan（日文網站）　http://crisismappers.jp/

消弭不平等

消弭不平等

全球貧富差距趨勢

全球最富有的 1% 人口，財富占全球資產一半以上

出處：An Economy for the 99% (樂施會 Oxfam，2017)

這已經不是有錢、沒錢的問題了。

為什麼不把錢分給大家呢……？

90

全世界有 76 億人口，根據資料顯示，全世界創造的財富有一半以上掌握在只占了 1% 的極少數人手裡。

財富集中現象如果再擴大下去的話，無論經濟再怎麼成長，只會讓貧窮的人更窮而已。任憑貧富差距越拉越大，不面對財富重新適當分配的問題，後果將不只是造成貧窮和飢餓而已，國與國之間的對立乃至於戰爭，恐怕也難以避免。

另一方面，由於年齡、性別、殘障、種族、人種、出身和宗教等因素，導致在開發中國家或已開發國家到處都存在著不平等。當社會陷入不平等的狀態，就不容易包容各式各樣不同人事物，自然就無法朝永續之路成長。

遭受不平等對待時，有時候根本無法在自己的國家解決。最具代表性的是移民問題，外來移民一樣擁有人權，卻屢屢被忽視。又如在國際援助上，出資金援的先進國雖然擁有發言權，但接受金援的開發中國家的真實需求往往被漠視，無法吐露出真正想法。

在消弭不平等這個議題上，內外都需要努力。對外，國際間須要加強合作；對內，社會需要變革。

■ 想一想 ■

沒有任何一個人受到社會的排斥和歧視，我們把這樣的想法叫做「社會包容」或「多元融合」（Social Inclusion）。大家不妨試著想一想，為什麼社會包容的想法不僅對被排擠的人很重要，對整個社會來說也很重要呢？

改變未來的好點子
《時尚革命日》

時尚界新變革
響應「我的衣服是誰做的？」運動

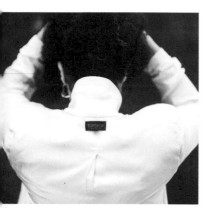

截至 2018 年 2 月，將拍有衣服洗標的照片，加上「#WHO MADE MY CLOTHES 標籤」，上傳社群網站高達 20 萬則，手持「#I MADE YOUR CLOTHES 標語」的回應件數也超過 3 萬 4 千則。
©Rachel Manns（上排左）©Winter Water Factory ©WE ARE ZRCL ©Denimsmith, based in Melbourne Australia, www.denimsmith.com.au（下排左側開始）

花少少的錢就可以買到時尚漂亮的衣服，任誰都會感到開心。 不過，大家可曾想過那麼漂亮的衣服為什麼賣得如此便宜呢？

2013 年 4 月，孟加拉「Rana Plaza」成衣工廠大樓倒塌，造成 1,100 多人死亡的悲劇，大樓內有無數家成衣代工廠。意外發生後調查發現，成衣廠的勞工被迫長時間工作，然而超長的勞動工時卻僅能換來微薄的收入。整起事件震驚全球，令無數人感到沉痛和悲傷。

「時尚革命日」就在這樣的背景下誕生，希望藉由網路串連活動促使大家重視服裝產業鏈的生產溯源，並反省思考衣服背後那些無形的勞動力，究竟經歷了什麼樣的過程才造就出我們手上的衣服？ 我們又該買或不該買？

全球有無數網友響應這個活動，包括品牌業者、當紅名模都站在第一線振臂高呼。「時尚革命日」到今天，已經有超過 90 個國家參與，儼然成為全球性規模的集體行動。 參與「時尚革命日」的方法很簡單，例如，反穿自己購買的衣服，拍出洗標，加上「#WHO MADE MY CLOTHES」標語，詢問：「我的衣服是誰做的？」看到貼文的製造者則會手持「#I MADE YOUR CLOTHES」標語，回應：「你的衣服是我做的。」

每一個商品的背後都隱藏著一個又一個的故事。 服裝產業以外的其他產業，或許也能透過社群網站，讓我們看到它們不為人知的一面吧。

Q5 下面哪一個國家的國民所得差距最小？

1. 日本
2. 冰島
3. 南非

完全沒有頭緒！給點提示吧！！

說得好，太帥了～

★答案請看 95 頁

改變未來的好點子
《完全客製化訂製鞋服務》

買不到合腳鞋也是一種歧視
真平等就從訂製鞋開始

「試鞋小舖」店內備有各種不同尺寸的鞋子，隨時都可以試穿。

有的人天生腳大，有的人天生腳小，挑不到合適尺寸鞋子的人，只好退而求其次，選擇鬆一點或緊一點的鞋子穿。對於這種現象，大家應該認為理所當然吧。其實，這就是一種很多人在日常生活當中很常見的一種不平等，只是往往被忽略罷了。

就日本人的腳型來說，一般市售鞋子的尺寸設定，只能涵蓋七成左右，丸井集團旗下的百貨公司「0101」，從百分之百符合消費者需求的角度出發，開發出尺寸更多、更齊全的訂製鞋系列商品，期盼所有的人都可以穿到和自己的腳型完全合而為一的鞋子。對那些看中意了某個款式卻沒有合適尺寸的人來說，訂製鞋系列是他們的救星，救身也救心。

尺寸變多了以後，庫存品不就也會跟著變多嗎？為了解決這個問題，丸井採用了創新的銷售方式，消費者先到店裡試穿，然後上網訂購，丸井接單後才製作。如此一來，就完全不會有庫存了。結果，也不需要卡車送貨，連物流支出都降低了，同時也在友善環境上，貢獻了一己之力。

原來消費需求也可以成為消除不平等的手段之一。滿足消費者的需求，既能夠獲利，也能夠盡到社會責任，可說一舉兩得。從這個方向去發想，應該可以消除很多不平等。

A5　2. 冰島

用以衡量社會上貧富差距的指標稱為「吉尼係數」（Gini Coefficient，是一種衡量集中度的方法）。冰島的吉尼係數是 0.25，日本是 0.33，南非高達 0.62。通常把 0.4 作為貧富差距的警戒線，超過這條警戒線，社會容易動盪不安，超過 0.6 則表示可能隨時會發生暴動，已進入危險線範圍內。

出處： OECD Social and Welfare Statistics
（經濟合作暨發展組織 OECD，2018）

了解更多！▶ 株式会社 丸井集團 Sustainability（日文網站）
co.jp/sustainability/　　　https://www.0101maruigroup.

永續城鄉

全球都市人口比例

1960　約 33.6%　（約 10 億 1,400 萬人）

2016　約 54.3%　（約 40 億 2,700 萬人）

出處：World Bank Open Data　（The World Bank）

講到都市，就是一個只會消費的地方。

從現在開始，都市不能只消費，要循環再循環。

目前，全球有超過一半以上的人住在都市裡，這個數字今後還會持續增長，推估 2050 年，將有多達 3 分之 2 人住在都市。人口過度向都市集中，會導致各種問題出現，主要包括住宅不足、建築物老朽的公安問題、空氣污染、垃圾課題、貧富懸殊、犯罪等等。此外，都市遭受地震、颱風、暴雨侵襲時，往往造成重創，因此致力於防災的同時，更要打造一個具韌性的都市，才是減低災害衝擊的重要關鍵。以永續經營為目標的都市，不只要有安全無虞的公共設施、建築物等硬體條件，也需要設計出人人都能夠參與的都市計畫和管理機制。

另一方面，由於都市擁有高度密集的人口，假如住在都市的所有人都齊心努力實踐能源轉型、對抗氣候變遷等全球性問題，現狀必定能獲得大大的改變。

■ 想一想 ■

就算是日本的大都市，仍然有很多無家可歸的人。沒有家、沒有住處的人，欠缺的不僅是一個安全的、可以遮風避雨的地方，在生活方面也難以自力更生。大家不妨試著想一想，這樣應該如何解決？

改變未來的好點子
《到處是食物的綠色奇蹟小鎮》

「喜歡什麼隨便採」的可食地景
改變了一座小城鎮

志工們正在進行「街頭養蜂」，種植蘋果樹、梨子樹以及其他各種蜜源植物。
©Photographer Estelle Brown of Incredible Todmorden

你現在居住的都市，是一座怎麼樣的都市呢？是否腦海曾閃過，「如果人行道能做得更漂亮，就會更好了？」的念頭，是不是曾在心裡嘀咕：「政府要趕快起來做點事，一般老百姓哪能做什麼？」

不過，就有這麼一個小鎮靠居民的力量，創造了一個綠色奇蹟——「Incredible Edible」（不可思議的可食地景），在全球各地掀起話題。地點位在英國的托德摩登（Todmorden）小鎮，小鎮裡不論是住宅的庭院、路邊、店家門前、警察局、醫院，還是停車場等等，各個角落都能發現種植了許多可以吃的香草、蔬果植物。

偌大的看板寫著「Incredible Edible」，這原本是幾個家庭主婦閒聊時無意間想到的點子，於是居民開始在空地上種蔬菜，沒想到過不了多久，單調沒有特色的小鎮變得充滿綠意，而且任何人都可以整理、灌溉這些植物，甚至任何人都可以隨時免費取用蔬果。另外，很特別的是志工也會在街頭養蜂，希望能利用蜜源植物吸引蜂群前來，使蜂群能為植物授粉。提供足夠的花朵，給蜜蜂等生物有蜜可採的環境，也是當今重要的議題之一。

觀光客聞風而至，「Incredible Edible」使得托德摩登小鎮變成熱門觀光景點，也被複製到其他地方。這項成功的計畫啟發許多人，準備摩拳擦掌展開自己的公眾田園計畫。這個案例告訴我們，改變世界不一定要靠英雄，用自己的力量就能夠為未來做一些事，所有的居民都能夠輕易參與計畫，讓自己居住的社區明天會更好。

Q6 日本的地下鐵技術，成功地幫助哪個國家的首都，完成他們的地下鐵系統？

1. 緬甸
2. 不丹
3. 印度

我猜是不丹，因為不丹國王太帥了！

這個跟那個沒關係啦！

★答案請看 101 頁

了解更多！▶ Incredible Edible Todmorden（英文網站） https://www.incredible-edible-todmorden.co.uk

改變未來的好點子
《Share 金澤》

打造混居共生社區
召喚健康、活力、幸福

在 2014 年「Share 金澤落成嘉年華會」，加藤廚房工作坊參加當時的慶祝活動，別開生面地推出一個銅板烹飪教室。左邊為加藤廚房工作坊的主持人——加藤重和。
©Share 金澤

位於石川縣金澤市的 Share 金澤社區，就是想「打造一個讓高齡者、年輕人、孩童和身心障礙者，都能住在一起快樂生活的地方」。

都市裡住著各式各樣的人，其中當然包括需要特別照護的族群，舉凡生理、心理障礙的殘疾者，以及身體機能衰退、無法自立生活的老年人等等。這些人不應該被關在某個設施內、用圍牆隔開來，他們應該跟大家一樣住在社區裡，跟其他人「混居共生」，如此一來，這些有著身心困難的人可以過得更有活力，也會充滿幸福感，不是嗎？ Share 金澤便是在這種理念下誕生的社區。

值得一提的是，社區把不同世代、不同的人全部混在一起，讓他們能夠各自生活卻又不會產生妨礙干擾，而且確實感受到自己是社區一員的巧思、用心隨處可見。

Share 金澤沒有不易親近的建築物，有的是所有人都可以利用的溫泉，還有參天大樹、令人放鬆的盎然綠意和慵懶的動物們。為了打破正常與障礙的界線，Share 金澤無論是建築物的外觀、公共設施或道路，都經過刻意的設計，連細節處也不放過。

居民無論老人、小孩、身障者或是成年人，都在這個社區的生活與交流中，得到滿滿的活力。認同彼此的存在，就能互相幫助、支持，這原本就是社區應有的樣貌，Share 金澤的出現，正好提醒我們別讓這種理所當然的事消失不見。

A5　3. 印度

隨著經濟成長，印度德里的私家轎車也跟著大幅成長。遽增的汽車帶來嚴重的交通堵塞和空氣污染的問題。為協助印度解決問題，日本提供資金及技術幫助德里建構完備的地下鐵系統。也就是說日本的軌道技術，藉由新幹線輸出至海外其他地區，有助於解決都會區特有的交通問題。

了解更多！ ▶ Share 金澤（日文網站）　　　　　　http://share-kanazawa.com/

責任消費與生產循環

全球食物損耗和食品浪費比例
*2015 年

穀類
30%

乳製品
20%

魚類海
35%

蔬菜水果
45%

肉品
20%

堅果和豆類
20%

根莖類
45%

出處：Food Loss and Waste Facts（簡稱 FAO，聯合國糧農組織，2015）

人類使用大量的能源和資源，製造與消費大量的食品和產品，最後又大量廢棄。地球只有一個，如果不改變這種生產和消費的方式，地球上的資源終有耗竭的一天。

大量製造、大量消費、大量廢棄的方式，不但會引起資源耗竭、能源浪費、造成地球暖化；而製造產品的過程中，使用了有害的化學物質，導致排放出大量的廢水、廢氣、廢棄物，又會造成環境污染問題。

為了解決這些問題，各國政府及地方自治體、企業、個人，都必須做出變革，積極實踐永續的生產及消費方式。具體的作法有減少食物浪費、降低廢棄、回收再利用、有效率使用資源及能源、開發能夠提升效能的技術和機制等等。

開發中國家的人口仍不斷增加，已開發國家若能加強與這些國家的合作，必然有助於解決這些問題。

■ 想一想 ■

除了資源枯竭、氣候變遷、環境污染以外，大量製造、大量消費，還會引起哪些問題呢？此外，政府和地方自治體可以制定或採取一些制度、行動方案，為企業過度生產的亂象踩剎車。大家不妨試著想一想，有哪些制度或行動方案呢？

改變未來的好點子
《永續標章》

選購有永續標章的商品
等於「選擇可永續的未來」

與永續、生態環保有關的標章，統稱為「永續標章」。日本永續標章協會於 2017 年成立，打破業別業種的界線，致力於倡議各種永續標章。

「用好價錢買好東西」可說是消費者的共同心聲。不過最近，希望藉著購物對社會、環境盡一份心力，也就是實踐良知消費（台灣推動的是「綠色消費」，兩者觀念類似。更多良知消費參見第112頁）的民眾有增加的趨勢。他們在選購商品的時候，會特別去注意商品的生產資訊，例如從何而來？如何製作？如何送到我們的手上？永續標章正是該商品符合國際標準的證明。

舉例來說，想買未使用農藥、化肥栽種出來的棉製毛巾，可以選擇有「GOTS（Global Organic Textile Standard，全球有機紡織品標準標章）」、「OCS（Organic Content Standard，有機含量標準認證標章）」等有機棉認證檢驗標章。看到商品上有「國際公平貿易認證標章」（Fairtrade）時，代表商品是在安全的工作環境與合理的工作條件下被生產出來，並且透過合理的價格收購。

其他還有用於木作家具和紙張的「FSC（Forest Stewardship Council，對森林友善）」標章，用於魚類產品上的「MSC（Marine Stewardship Council，海洋管理委員會）」和「ASC（Aquaculture Stewardship Council，水產養殖管理委員會）」標章。咖啡等熱帶農作物則有「雨林聯盟認證（Rainforest Alliance Certified）」標章，製造肥皂和加工食品時添加的棕櫚油，也有「RSPO（Roundtable on Sustainable Palm Oil，棕櫚油永續發展圓桌組織）」標章。

永續標章是生產者「希望世界更美好」的許諾，我們該如何讓消費者願意藉由購買對環境、對社會友善的標章商品，來完成生產者的心願呢？

目標12的關鍵字 棕櫚油

棕櫚油是從油棕樹的果實中榨取出來的植物油脂，日常生活中的各式各樣產品，幾乎都含有棕櫚油。近幾年來，棕櫚油需求大增，導致大面積的熱帶雨被砍伐、生物棲地迅速消失。

另外，棕櫚油產業鏈的勞工受到不公平待遇的問題，也浮上檯面。如何改變棕櫚油產業，以永續的方式生產、使用棕櫚油，已成為重大議題。

了解更多！▶ 一般社團法人日本永續標章協會（日文網站）　https://jsl.life

改變未來的好點子
《特拉回收公司》

「用了就丟掉」的觀念與行為
才應該徹底丟掉

特拉回收公司的辦公室處處可見廢棄物回收再利用做成的裝飾品。

看到路邊的菸蒂，大家應該都會認為那是垃圾，絕大多數的人會皺著眉走過去，可能有少數的幾個人會把它撿起來丟進菸灰缸裡。

在特拉回收公司（TerraCycle）跨國企業的字典裡，沒有垃圾這個詞，只有回收再利用。可是，菸蒂這種不折不扣的垃圾，究竟要怎們再利用呢？

特拉回收公司用菸蒂殘餘的菸草做堆肥，把菸蒂濾嘴化為塑膠粒，變身成為別緻的野餐桌。除此之外，制汗劑的容器廢品可以改造成腳踏車的用品；用完的舊筆經過加工後，又變成一支新筆。

全球都有特拉回收公司的合作企業及團體或個人，截至 2018 年，特拉回收公司已經在 21 國家展開回收活動，超過 6,300 萬人參與收集廢棄物。

特拉回收公司的創辦人湯姆·薩奇（Tom Szaky）在 19 歲那一年，就打定主意要做廢棄物的生意。他看見朋友拿剩菜剩飯餵蚯蚓，然後收集蚯蚓糞便轉化成肥料，進而用來種觀葉植物。這一幕給了他一個啟示：「『丟掉』這個觀念，才應該丟掉。」現代社會的常識是：「沒有用了，就丟掉吧！」當我們丟掉這個所謂的常識時，翻轉世界的妙點子說不定就在下一秒中出現。我們的周遭隱藏著許多的創意，何不試著找一找呢？

▼ 這些玩具的前身是牙刷和化妝品外盒。©TerraCycle Inc.

了解更多！▶ TerraCycle（日文網站）　　　　　https://www.terracycle.com/ja-JP

氣候變遷對策

工業革命前（1880 ～ 1900 年）全球升溫

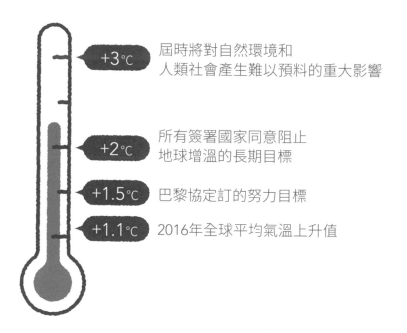

+3°C　屆時將對自然環境和
人類社會產生難以預料的重大影響

+2°C　所有簽署國家同意阻止
地球增溫的長期目標

+1.5°C　巴黎協定訂的努力目標

+1.1°C　2016年全球平均氣溫上升值

出處：聯合國氣候變遷綱要公約第 21 次締約方會議《巴黎氣候協定》（2015）
政府間氣候變遷專門委員會氣候變遷第 5 次評估報告（IPCC AR5）
WMO Statement on the State of the Global Climate in 2016

全球暖化引發的極端氣候，為全球各地帶來許多災難。一般認為洪水、乾旱等天災，威力會越來越強，將造成越來越多的人陷入貧窮和飢餓；而海平面上升，將導致越來越多的人失去他們的土地和家園。

以往全球暖化的問題被認為是已開發國家濫用能源所致，因此，已開發國家應該率先負起改善全球氣候的責任。然而，現在解決氣候變遷的問題迫在眉睫，不分已開發國家或開發中國家，若不立即採取行動就來不及了。因此，聯合國於 2015 年 12 月通過「巴黎協定」，宣告全世界共同對抗地球暖化。

對抗氣候變遷的對策主要有兩大方向，分別是減緩與調適。停止使用化石燃料，迅速削減溫室氣體排放，藉以減緩全球暖化。另一方面，為因應氣候變遷的可能災情做好調適準備，盡可能將人類在極端氣候下所受到的負面衝擊降到最低限。無論是減緩與調適，都應該同時並進，尤其已開發國家必須擔下重責，支援開發中國家因應氣候變遷。

■　想一想　■

極端氣候肆虐全球，災害過後，隨之而來的負面影響還有哪些？大家不妨試著想一想，這些負面情況會影響到 SDGs 中的哪幾個目標呢？

改變未來的好點子
《城鎮轉型運動》

不依賴石油、自給自足
讓人情味變得更濃了

位於東京郊區的八王子市，市民團體正在進行以能源轉型為主軸的城鎮轉型計畫。當地酪農家的牛舍屋頂安裝了太陽能板，變身為發電站。
© 一般社團法人八王子協同能源

假如沒有石油、沒有煤，你現在住的城鎮還能夠正常運作嗎？為了因應氣候變遷與石油危機（石油產量將驟降）這兩個議題，英國小鎮托特尼斯（Totnes）從 2006 年開始進行「Transition Town」，也就是「城鎮轉型運動」。托特尼斯計畫將整座城鎮從依賴石油的社區，轉變成節能減碳、健康樂活的生活圈。

單打獨鬥難以完成的目標，往往可以靠地方上的居民通力合作來達成。鎮民有錢出錢建置了使用再生能源的發電所，設計了讓貨幣留在鎮上在地循環的機制，同時發揮居民的團結力量，在空地上闢建社區菜園、建立社區商店、麵包店，使小鎮經濟轉變為自給自足。重拾日益淡薄的人情味，重新串連人與人之間的關係，也是托特尼斯鎮轉型的目的之一。

現在，托特尼斯鎮的轉型運動已經蔓延到全世界，有超過 50 個國家、1,000 以上的計畫正在各地進行。除了「轉型城鎮」以外，也有以公司、學校、醫院為單位的「轉型企業」、「轉型校園」、「轉型院所」等轉型計畫。如果你現在生活的地方也想要轉型的話，應該要先從什麼地方做起呢？

Q7 二氧化碳排放量增加，會對海洋造成什麼影響？

1. 海洋酸化
2. 聖嬰現象
3. 導致海底火山噴發

……受到海的影響，腳會抽筋？什麼跟什麼啊！

★答案請看 113 頁

了解更多！▶ Transition Network（英文網站）　　　https://transitionnetwork.org

改變未來的好點子
《撤資行動》

善用銀行帳戶力量
向金融業表達守護環境的決心

350.org 在日本澀谷市街頭及銀行門口,高舉撤資標語的看板,向民眾宣導撤資行動。
(攝影 MAMADEMO) ©350.org Japan

如果你存在銀行裡的錢，被拿去投資一些違反道德、違反良知的產業，或者對會加劇地球暖化的產業投資加碼，你做何感想呢？

美國的非政府組織 350.org 發起撤資行動，呼籲全世界的投資人、存款人重新檢視股票等投資標的是否恰當？存款是否需改存其他銀行？投資和撤資的意涵，兩者正好相反。參與 350.org 的撤資行動非常簡單，只要把錢從做化石燃料、高碳產業等不當投資的銀行全部提出來，然後轉存到把資金投入在真正對社會、對環境有正向發展的銀行就可以了。

別小看這麼一個行為，它是民眾向銀行財團表達心聲的有效手段。一個人提走 10 萬日圓（約台幣 2.8 萬），100 個人就提走了 1,000 億日圓（約台幣 2,800 萬）。聚沙成塔，很多人一起參與行動的話，累積下來的可是一筆很可觀的大筆資金。撤資行動自 2012 年開始，全球至今有無數的個人、企業、投資機構加入撤資浪潮，撤資金額高達 650 兆日圓（約台幣 182.5 兆），是當前以具體行動力阻止地球暖化的大型國際氣候變遷活動。

澳洲四大銀行依《巴黎協定》制定並發表投資及融資原則，可說是撤資行動齊聚力量改變金融業的一大成果。其他的成果還有包含美國加州州政府職員退休金在內，以及數個擁有巨額資金的基金表示終結並撤回對火力發電、核武相關產業的投資。如此運用資金導正市場的作法，也許還可以如法炮製運用在其他違反道德、違反良知的產業。我們的錢還可以如何被運用，讓世界變得更美好呢？

A7　1. 海洋酸化

二氧化碳排放量遽增，大部分的二氧化碳會被海洋吸收，造成海水的鹼度下降、酸度上升。許多海洋生物的硬組織都是由碳酸鈣組成，例如螺貝類的貝殼、魚類的骨骼等等，一旦海水酸度上升就會影響這些碳酸鈣骨骼、貝殼的形成。二氧化碳排放量遽增不僅造成氣候變遷，還會為海洋生態帶來一場生態浩劫。

了解更多！▶ 350.org Japan（日文網站）　　　　　　　https://world.350.org/ja/

113

14 海洋生態

海 洋 生 態

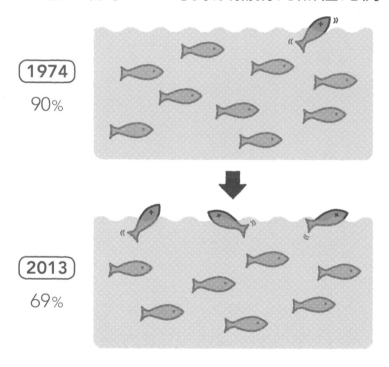

在生物學上，可持續捕撈的魚種比例

1974
90%

2013
69%

出處：The State of World Fisheriess and Aquaculture 2016
（簡稱 FAO，聯合國糧農組織）

我那麼愛大海，一定要好好保護她。

想一想該怎麼做吧！

114

海洋是孕育生命的搖籃，人類自古以來始終受到她的恩賜。不過今天，海洋卻因為人類的經濟活動出現了重大的變化，人類再不思改變、改善，恐怕無法跟以前一樣得到大海的恩惠了。

近年來，大家重視的海洋議題主要有兩個，一個是人類製造大量廢棄物、污水，這些廢棄物、污水最終進入海洋、污染海洋，對海洋裡的生物造成嚴重的威脅；而海洋所發生的一切變異，在食物鏈的循環下，最後受影響的終將是人類。

另一個議題是漁業的捕撈型態。如果現今濫捕的情況繼續下去，人類將面臨漁業資源枯竭、無魚可吃，但如果嚴格限制漁獲配額等等，等於剝奪了開發中國家賴以維生的魚類資源，將損害當地經濟。

日本等身為漁業大國的國家，必須加速研究開發，提出可行的永續漁業方案，協助這些開發中國家。另外，改變個人的飲食習慣以及如何與大海共生，也是必須思考的方向。

■ 想一想 ■

人類各式各樣的活動都會對海洋造成污染。例如，層出不窮的油輪觸礁事件，大量原油因而外洩污染海域，導致周遭的生態環境遭到嚴重破壞。除此之外，海洋污染也與我們的日常生活關係密切。大家不妨試著想一想，還有什麼生活習慣會造成海洋污染呢？

改變未來的好點子
《海洋潔淨基金會》

在海上設置大型浮動柵欄
輕鬆回收海洋垃圾

站在浮動柵欄模型前的柏楊‧史萊特（Boyan Slat）。
©The Ocean Cleanup

漫步海邊，令人心曠神怡。這時候如果看到一堆人們亂丟的寶特瓶、塑膠袋，是不是很煞風景呢？塑膠垃圾不管是在何處被丟棄，最後都會進入海裡隨著洋流到處漂流。根據估算，每年流入海洋的塑膠垃圾高達 1,200 萬噸，直接造成鳥類和魚類因誤食而亡。而非常細小的塑膠微粒，常被海洋生物當成浮游生物捕食而進入海洋的食物鏈中，最後又進入人體內。

不願坐視海洋垃圾的荷蘭高中生柏楊‧史萊特（Boyan Slat），在 2012 年向全世界提出他發明的「海洋潔淨」作戰計畫。全世界海洋中的垃圾會隨著時間被風力和環流帶往某幾個特定的區域，於是，史萊特鎖定主要的垃圾集中點，計畫於該海域架設超大型的 V 型柵欄收集漂浮垃圾。

V 型柵欄的攔網，以多個懸掛海裡的錨來固定。垃圾在洋流推動下，會流入 V 型中間的定點回收站，只要定期開船去回收站收集垃圾就可以了。很多工程師、海洋專家認同他的理念並加入團隊，2014 年計畫正式啟動，在 2018 年架設全球第一座海上浮動柵欄。海上浮動柵欄仍在研發階段，預計設置在全球最大的海洋垃圾場──「太平洋垃圾帶」，並計畫於 5 年內回收該海域 50% 的垃圾。

話說史萊特之所以想要解決海洋垃圾的問題，是因為他有一次去希臘的海邊游泳，竟然發現海裡的垃圾比魚多。我們的周遭還有很多急待解決的問題，只要用心察覺，說不定就能夠想出改變世界的好點子。

▼ 電腦描繪的示意圖。

了解更多！ ▶ The Ocean Cleanup（英文網站）　　　　https://www.theoceancleanup.com

14 海洋生態

改變未來的好點子
《南三陸戶倉牡蠣》

養殖業克服震災大逆境
實踐永續創造多贏

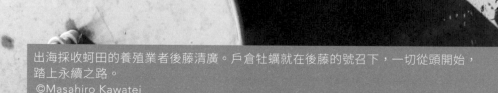
出海採收蚵田的養殖業者後藤清廣。戶倉牡蠣就在後藤的號召下，一切從頭開始，
踏上永續之路。
©Masahiro Kawatei

位於日本宮城縣南三陸町的戶倉地區，在 2011 年發生的東日本大地震中，歷史悠久的牡蠣養殖業受到重創。 當地的蚵農損失慘重，養殖牡蠣用的浮筏等生財工具、設備，被地震引發的海嘯摧毀殆盡，使得牡蠣養殖業面臨存廢關頭。

養殖漁業在海裡闢建養殖場，對海洋環境有其負面效應及不良影響。 有鑑於此，戶倉地區的牡蠣養殖業者做了一項重大的決定，他們決定揚棄以往的養殖法，選擇對自然環境影響最小的新型態養殖，跟災後復興一樣，一切從零開始。

除此之外，他們還把浮筏的數量減少了 3 分之 1，透過各種方式實現可永續的牡蠣養殖。 良好的海域環境，每顆牡蠣都得到了充分的營養和足夠的氧氣，放養之後大約只需過去一半的時間，就長到可以採收上市的大小。 戶倉養出的牡蠣──南三陸戶倉牡蠣是日本第一個通過「ASC 國際海洋生態標章」認證的養殖水產，證明戶倉的養殖是「對環境和社會影響最小的養殖」。 浮筏數量減少，不但提供了牡蠣更好的生長空間，同時工作型態也跟著改變，有更多的時間可以和家人相處。

身為震災的受災戶何其不幸，但戶倉人把震災當成轉往可永續道路的契機。 當我們失去一樣東西時，究竟要把它找回來，還是重新建構一個新的事物？ 選擇後者，說不定就是改變未來的契機。

▼ 來自大海的贈禮、吸收了滿滿營養精華的大型牡蠣──「南三陸戶倉牡蠣」。

了解更多！▶ WWF Japan 活動大事紀（日文網站） https://www.wwf.or.jp/activities/2016/03/1311630.html

15 陸域生態

陸 域 生 態

受脅物種數比例

蘇鐵類
63%

兩棲類
42%

藻礁珊瑚類
33%

針葉樹類
34%

陸域哺乳類
26%

鳥類
13%

出處：國際自然保育聯盟瀕危物種紅色名錄（IUCN，2017）

無論是住在自然場域少之又少的都會區，或是住在不毛之地的沙漠地帶，森林、山地、濕地、河川、湖泊以及多樣化的生物，都直接或間接地支撐著我們人類的生活。然而，隨著經濟的進步發展，這些大自然正在一點一滴地流失。

人類為了消除地球上的貧窮和飢餓而開發，但開發卻破壞了人類賴以生存的自然環境。當自然環境被破壞殆盡，將威脅到人類的生存，就得不償失了。

我們必須保護自然環境和生物多樣性。惟有這麼做，才能讓包含人類在內的所有生物，永世生存在地球上。當然，如果要人們停止一切開發，回到原始自然的狀態，過於強人所難。

人類世世代代利用大自然的恩賜存活至今，從現在開始，我們必須找出能夠讓大自然的恩賜，伴隨人類更久更遠的正確道路。例如砍伐了森林、山林，我們就應該種樹植林，禁止買賣保育類動物等等，有很多事我們都辦得到。

■ 想一想 ■

我們都知道森林、山川等自然環境，對人類和其他生物來說很重要，不過對人類來說，只要保護對人類有用處的生物就好了嗎？「生物多樣性」真的有必要嗎？

改變未來的好點子
《生物多樣性熱點》

生態保育從重點做起
決定後就火力全開

只生長在馬達加斯加島的狐猴。馬達加斯加島為生物多樣性熱點之一。
©Conservation International ／ photo by Trind Larsen

當你看到「守護大自然」的海報時，有什麼感想呢？ 也許會提醒自己想一想「自然環境真的很重要」、「如果不保護的話……」。即便如此，現實生活中的我們仍然不斷地破壞自然環境。

人類對自然環境的破壞遍及全世界。 很多人都有「我也想盡一份心力，可是不知從何著手」的困擾。的確，這邊做一點、那邊做一點，很難有具體成效出現。

保護國際基金會（Conservation International）為了使大家的力量發揮最大的效益，致力於找出最急迫需要保護的區域。 無論是否存在著多樣化的生物，只要是自然環境遭到破壞最嚴重的地方，就必須立刻採取行動。 這些被列為優先保護的區域，被稱為「生物多樣性熱點」。 舉例來說，特有種（只有某個地區才有的）生物的寶庫，例如馬達加斯加、熱帶雨林遍布的巽他（Sundaland）生態區……。 日本群島也被列入生物多樣性熱點。

生物多樣性熱點是國際機構在規劃與執行保育活動時，最常用來決定資源如何分配的工具之一。 拜此之賜，保育活動的效率大幅提升。

為了集中火力，讓大家的投入的力量得到最大的效益，首先要決定「從哪裡開始做起」。 當日後回想當時，將會慶幸「還好那時候做對了」。

▼ 全球生物多樣性熱點分布圖。目前定義了 36 個熱點。© 依照 Conservation International 提供的地圖製作

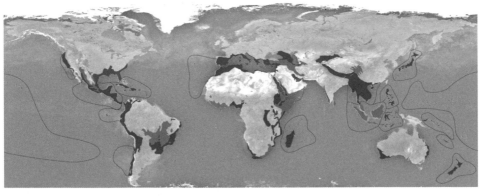

了解更多！ ▶　一般社團法人日本保護國際基金會（日文網站）　https://www.conservation.or.jp

15 陸域生態

改變未來的好點子
《熱帶雨林早期預警系統》

利用衛星觀測數據
讓非法盜採無所遁形

陸地觀測衛星「大地 2 號」已於 2016 年發射升空。©JAXA

熱帶雨林遭到亂砍濫伐是一個非常嚴重的問題。不惜毀壞熱帶雨林擴大油棕樹、橡膠樹種植面積，以及非法砍樹、走私木材等事件層出不窮。如果再不採取遏制措施的話，熱帶雨林將面臨全面消失殆盡的嚴重威脅。話說回來，叢林廣褒遼闊，再怎麼周密巡邏，還是會有落網之魚。究竟該麼做才能每一個角落，都受到有效的監控呢？

為了使神出鬼沒的違法者現形，必須改變「地面作戰」，化身為鳥類，從高處俯瞰，才能掌握整體的狀況。日本宇宙航空研究開發機構 JAXA 和日本國際協力機構 JICA 聯手進行的「鷹眼作戰」計畫，便是利用衛星技術保護全球的熱帶雨林，該計畫由陸地觀測衛星「大地 2 號」搭載高性能雷達觀測裝置「PALSAR-2（L 波段合成孔徑雷達－2）」，建立一個自空而地的熱帶森林監測系統。

該系統採用反射波傳遞方式，電波經過地面的反射到達接收天線，藉此收集資料。「PALSAR-2」所利用的電波波長具有能夠穿透雨水和雲層的特性，因此即便熱帶雨林被雲雨覆蓋，或時節進入雨季以後，地形的輪廓依舊清晰可辨，而且觀測上不受光線條件影響，不論白天或黑夜，24 小時全天候都能看得清清楚楚。

只要利用這種能夠穿越雲層的衛星技術，地球上的任何一個角落都可以被觀測。除了保護熱帶雨林以外，還有哪些問題可以在衛星技術的協助下獲得解決呢？大家不妨用「鷹眼」的高度想一想。

▼ 在巴西執行的計畫中，發現遭到非法採伐的區域。©JAXA

了解更多！▶ 熱帶雨林早期預警系統（JJ-FAST）（英文網站） https://www.conservation.or.jp

125

公平、正義與和平

全球各地的主要衝突
*21 世紀以後

西藏獨立運動／阿富汗戰爭／葉門內戰／伊拉克戰爭／烏克蘭的衝突／北愛爾蘭衝突／哥倫比亞反政府運動／剛果內戰／伊斯蘭與西方衝突／喬治亞的衝突／叙利亞危機／斯里蘭卡內戰／索馬利亞內戰／蘇丹達爾富爾地區的衝突／車臣戰爭／中非內戰／巴勒斯坦的衝突／東帝汶的衝突／南蘇丹內戰 等等

協力製作：JICA 地球廣場 參考：《最新圖解全球紛爭》系列 （每日新聞社）

不是只有衝突而已，還有恐怖攻擊、核彈威脅，不是嗎？

人類的命運居然被出生地決定。這是何等悲慘的事啊！

我們的世界，紛爭衝突、恐怖攻擊、遭到個人或集團暴力襲擊，導致人們流離失所或喪失性命的消息，從來不停止過。在受虐的陰霾下生活、加入少年兵武裝上戰場的孩子，真的多到不可勝數；另外，許多人遭受暴力凌虐，卻無法訴諸法律；還有人未經審判，就直接被捕入獄的政治迫害，也司空見慣了。

永續發展目標 16，就是要建立一個沒有暴力、沒有虐待的和平社會，一個所有人都能夠受到法律保護的社會。

開發中國家的孩子，大約有一半沒有戶口，得不到身為國民應享有的受教權、醫療救助等權利，因此飽受疾病和飢餓的威脅。另一方面，想要達成不分年齡、性別、身體障礙與否，人人都享有參與政治及公共事務的權利，以及在政治上沒有貪污行為等，要完成這些目標，無論在已開發國家或開發中國家，都還有一大段距離；尤其，民眾「知的權利」和「言論自由」也還未完全普及。

所有的國家，都需要有法律和政治來保護所有人民，以及建立透明且公正的制度。

■　想一想　■

永續發展目標 16 以「大幅減少任何型態的暴力」為目標。所謂的暴力，並非只限於使用武讓人受傷，或者對人拳打腳踢等肉眼看得見的形式。肉眼看不見的暴力、沒有形於外的暴力，又指的是哪些呢？

改變未來的好點子
《和平推手──解除武裝廣告》

「不靠打仗，靠打廣告」
就順利結束內戰

海報上印著游擊隊員小時候的照片。照片是游擊隊員們的母親所提供，母親們還在海報上留下話語：「在你還不是游擊隊員之前，你是我的孩子。」以此呼喚游擊隊員快快回家。
©MULLENLOWE SSP3

南美的哥倫比亞內戰，經歷了半世紀之後，終於在 2017 年 8 月 15 日劃下了休止符。長達 50 餘年的內戰，恐怖攻擊、無差別炸彈攻擊等武力衝突，奪走了超過 22 萬人的生命，還把許多的孩子帶進了叢林，讓他們變成游擊部隊的一員。讓這一場悲劇走到終點的推手，不是槍砲炸彈，也不是化學武器，而是感動人心的「廣告」。

負責籌劃這場和平廣告的推手何塞‧米格爾‧索格羅夫（Jose Miguel Sokoloff），原本從事廣告行銷工作。每到聖誕節，他就推出廣告，向游擊隊推銷和平。他們深入叢林深處的游擊隊大本營，把寫著標語、有 LED 燈裝飾的布條掛在樹上，到了晚上，映著亮晃晃的燈光，可以看見布條上寫著：「如果這裡有聖誕節降臨，你們也應該要回家過節。」隔年的聖誕節，他們在把禮物裝進膠囊裡，讓膠囊順著河水漂流而下，送到游擊隊員的手裡。他們又去找游擊隊員的母親，向她們借用子女小時候的照片，連同母親慈愛的呼喚一起印成海報，到處張貼。最後，成功地讓 18,000 名游擊隊員放下武器、走出叢林。

索格羅夫的和平廣告不只這些，但他的理念始終是：「要向叢林裡的『人』喊話，而不是向叢林裡的『士兵』喊話。」

如果能夠借助溝通這項武器的話，也許可以解決世界上很多的武力衝突和對立。為了和平，你會打出什麼樣的廣告呢？

 目標 16 的關鍵字 PVE 防止暴力極端主義行動

針對全球層出不窮的恐怖攻擊事件，殲滅恐怖組織的據點，削弱他們的勢力，這些並無法根除恐怖主義孳生的原因。

為了防止恐怖事件，必須擴大應對措施，例如採取教育宣導，潛移默化那些加入恐怖組織的人及鼓吹加入恐怖組織的人，透過年輕人之間的交流、廣告和社群網站「對人喊話」，才能徹底消除促成恐怖主義的因素。這就是所謂的防止暴力極端主義行動（Preventing Violent Extremism，簡稱 PVE）。

了解更多！ ▶ MULLENLOWE SSP3（西班牙文網站，英文、法文籌備中）
https://www.mullenlowessp3.com/

改變未來的好點子
《聖雄甘地和平與永續發展教育研究所》

築起心中的和平堡壘
就從教育年輕世代開始

和平指南的主要用意是希望透過教育實現「防止暴力極端主義行動」（參見第129頁），
讓呼籲變成看得見的力量。
©UNESCO MGIEP

在生活中，相信每個人應該都有過，跟父母親發生口角、跟朋友鬧彆扭之類，以及和身邊的人發生衝突的經驗。不過，說到每天過著拿槍上戰場廝殺，隨時暴露在危險中的生活，可就很難想像了。然而，在這個世界上，因為戰爭和暴力的蔓延，從小就被教導要戰鬥，不知和平為何物的小孩子，多到難以計數。一個無法安心生活的環境，怎麼可能永續發展呢？

聯合國教科文組織（UNESCO）憲章開宗明義說道：「戰爭源自於人類的心中，所以必須要在每個人的心中築起鞏固的和平堡壘。」致力於促進和平教育的聯合國教科文組織，於 2012 年與印度政府聯手籌畫促進和平的教育中心，並以終生提倡非暴力的聖雄甘地為名，成立「聖雄甘地和平與永續發展教育研究所」（MGIEP），以透過教育建立和平永續的社會、培養全球公民意識（Global Citizenship）為目標，並利用科技進行各種現代化的嘗試。

以 2017 年的計畫為例，MGIEP 設置「# Youth Waging Peace」（和平由我發起）網頁，收集了過去曾經受過暴力極端主義影響者的心聲，製作年輕世代專屬的和平指南，並開始透過社群網站傳遞訊息。該計畫的原型則是前一年舉行的青年座談中與會的青年學子所提出的建議，全球已經有超過 50 個國家、2,000 名以上的年輕人，提出他們自身的經驗和促進和平的方法。對實現世界和平來說，教育蘊藏著無窮的力量。

編按：MGIEP 是 Mahatma Gandhi Institute of Education for Peace and Sustainable Development 的縮寫（聯合國教科文組織聖雄甘地和平與永續發展教育研究所）

▼ 計畫開始的契機是 2016 年的一場聯合國教科文組織（UNESCO）國際會議。會議當時的對談場景。

了解更多！ ▶ UNESCO MGIEP（英文網站）　　　　https://www.mgiep.unesco.org/

131

全球夥伴關係

132

從目標 1 到目標 16 這些全世界都想要實現的抱負，由每個國家各自在自己的國內努力實踐並非不可行。不過，還是有很多情況都需要已開發國家協助開發中國家，或者已開發國家和開發中國家共同攜手合作。

能否透過夥伴間的協同合作達成目標，實在是一個困難的議題。SDGs 的第 17 個目標便是在呼各國籲建立緊密、有效的夥伴關係，一同採取行動，實現永續發展目標。

對開發中國家提供資金和技術上的支援，是夥伴互助的方法之一，諸如此類的支援不僅是為了幫助開發中國家，更是為了包含已開發國家在內，全世界能夠邁向可永續、和平社會的必要作為。

永續路上的夥伴關係並不只限於國與國之間的合作而已，全球的企業、NPO、個人、消費者、投資者、研究者、支援者和受支援者等等，藉由各種立場不同的關係人在各個國家投入參與，如此一來，該以什麼為目標、該採取什麼行動、能夠做什麼努力，就會越來越明確，而這些最後終將匯集成一股改變世界的偉大力量。

■ 想一想 ■

唯有各種不同立場的人一起行動與實踐，SDGs 的各項目標才能有實現的一天。尤其，最好是年輕人和小孩子也能夠參與。大家不妨試著想一想，為了實現 SDG，有哪些可以做出實質貢獻的方法呢？

改變未來的好點子
《ESG 投資》

連結企業與投資者
齊心協力解決社會課題

ESG 投資概念圖

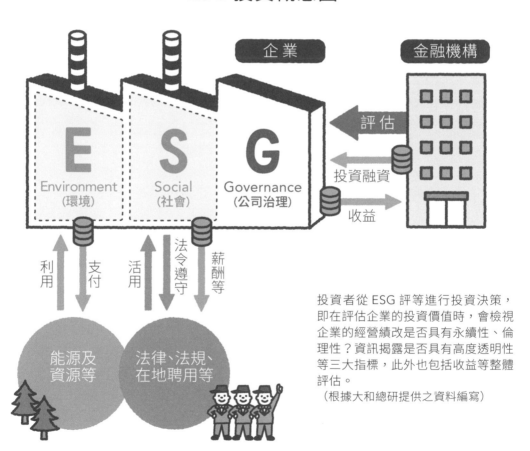

投資者從 ESG 評等進行投資決策，即在評估企業的投資價值時，會檢視企業的經營績改是否具有永續性、倫理性？資訊揭露是否具有高度透明性等三大指標，此外也包括收益等整體評估。

（根據大和總研提供之資料編寫）

每位投資人都想投資「好公司」，然後用募集來的資金促進該公司成長。一旦公司發展起來，就能夠獲得高報酬。話說回來，怎麼樣的企業才叫做「好公司」呢？一家企業好或不好，該如何判斷呢？不再只著眼於營業額、毛利等業績數字，還要將企業能否創造人權正義、環境正義等社會價值納入投資決策當中，藉此找出值得投資的標的，這就是「ESG 投資」（中文俗稱「責任投資」）。

所謂的 ESG 指的是環境（Environment）、社會（Social）和公司治理（Governance）。2006 年，聯合國發起責任投資原則，呼籲銀行等大型投資人將環境保護、社會責任和公司治理納入投資決策中。拜此之賜，包含日本在內的越來越多投資人，開始重視企業在 ESG 方面的表現。

例如，他們把在地球暖化議題上有具體作為的企業、能夠協助女性員工發揮自我價值的企業，都視為是「好公司」，這些公司容易贏得投資人的青睞，獲得資金挹注而成為成長動能。

相反的，不重視 ESG 的公司，就長遠的觀點來看，投資人就不會投資這些不具成長性的公司。在 ESG 趨勢的帶動下，投資人把資本投資在好公司，讓企業得以追求永續成長，與其他好的公司共同實現永續發展的社會。以 ESG 評估企業價值的原則，將投資人和社會串連在一起，當資金投入的方向改變，也順勢產生了新的夥伴關係，帶動社會朝更美好的方向前進。

Q8 哪一句標語最能夠將 SDGs 的基本理念展現無遺？

★答案請看 137 頁

知——道！
我知——道！！

大家知道是哪一句標語嗎？

了解更多！▶ 聯合國責任投資原則（PRI：Principles for Responsible Investment）（英文網站）
https://www.unpri.org

135

17 全球夥伴關係

改變未來的好點子
《聯合國與吉本興業》

透過歡笑的魔力
讓大家心手相連

吉本興業的藝人代表西川清在第9屆沖繩國際電影節,高舉著「全島動起來大祭典」的標語,帶領藝人歡樂遊街,希望達成「一起用歡笑,打造美好未來」的訴求。
© 吉本興業株式會社

SDGs 宣傳短片打出：「聽說吉本興業和聯合國結盟，要做守護地球的黃金拍檔。」「搞笑的也能守護地球？！」吉本興業發動旗下藝人，製作了 29 支宣傳短片，名為「開始思考 SDGs 的一群人」，成功地引發話題。娛樂產業跨出合作對象的框架，成為聯合國廣宣中心的夥伴，對 SDGs 的宣傳和推展做出貢獻。

SDGs 多少給人嚴肅、不易親近的印象，所以並不是人人都知道 SDGs 是什麼。吉本興業於是和聯合國共同合作，以搞笑結合永續發展目標元素，要利用娛樂產業的影響力向大家宣揚 SDGs。2017 年 4 月在沖繩舉辦的「全島動起來大祭典」，吉本興業便推出以 SDGs 行動為主題的動畫展（Light Animation），同時召集旗下藝人共同獻唱，以歌曲串燒的方式介紹 17 個目標。搞笑大師西川清更帶領藝人手持 SDGs 標語走紅毯，讓永續發展目標強力曝光。同年 8 月的「全民歡笑週」（Minwara Week）、10 月的京都國際電影節則接力推出「SDGs 大獎賽」（Grand Prix），由藝人組隊參賽，透過即興演出的方式帶出 17 個永續發展目標，哪一隊最能傳達 SDGs 的精神即是冠軍得主。

吉本興業所設計的演出及活動，以寓教於樂的方式，讓不同世代的人，尤其是年輕一代，從歡笑聲中輕鬆認識 SDGs。如果能夠借助娛樂產業的力量，就會有更多人認識永續發展目標了。大家不妨想一想，我們的周遭是否還有其他議題也可以透過這個方式傳播宣導呢？

編按：吉本興業是日本大型藝人經紀公司、電視節目製作公司，也是擁有超過百年歷史，
堪稱日本最早的藝能事務所（創業於 1912 年 4 月 1 日）。

A8 No one will be left behind.（不放棄任何一個人）

這句話不僅是指開發中國家不會被已開發國家和新興國家拋下，同時包含有所有容易被邊緣化的族群，例如婦女、兒童、難民、移民、原住民、殘疾人士、不同宗教、不同性別傾向等貧窮、弱勢族群，無論住在哪個國家，都能夠獲得支持與援助。

了解更多！ ▶ 吉本興業株式會社 SDGs 作為（日文網站）　http://www.yoshimoto.co.jp/sdgs/

邁向可永續的世界、可永續的日本

稻場雅紀 ●一般社團法人 SDGs 市民社會網　專務理事

從國際社會來看，日本屬於經濟高度發達的「已開發國家」之一。全世界有將近 200 個國家，其中被歸類為「已開發國家」者，充其量也只有 30 個國家左右。而像中國、印度、俄羅斯等擁有龐大經濟規模的國家，被歸為「新興國家」行列；至於仍然在貧窮中摸索獨立和發展之路的國家，則屬於「開發中國家」。

在 2016 年「永續發展目標」（SDGs）開始之前，引領世界努力的目標是「千禧年發展目標」（MDGs）＊。MDGs 擬定的方向主要是針對開發中國家、新興國家而設計，以開發中國家和新興國家能均衡發展，人人過著健康、享有受教權等為目標。已開發國家只要提供資金或技術協助，看著這些國家解決自身國內的問題即可。相對於 SDGs 擬定的目標，達成目標的責任不只落在開發中國家身上，世界各國都是積極推動改變的一份子。已開發國家還須要向聯合國報告自己國內推動 SDGs 的進度，同時也要接受落實度的監測。實際上，日本曾在 2017 年撰寫自願檢視報告，向聯合國說明日本為實現 SDGs 做了哪些努力。

為什麼已開發國家也需要實踐 SDGs 呢？ 理由有以下兩個。

第一個理由是 SDGs 的「內容」。SDGs 的 17 個目標經過歸納、整理後，可以總結成兩個，一個是「消滅貧窮，減少落差」，另外一個則是「把『難以持續的世界』變成『得以永續的世界』」。直到今天，人類所處的世界還是被分成富足的已開發國家和貧困的開發中國家，這種財富「落差」的問題隨著各國經濟規模的擴大、成長，無論是已開發或開發中國家都會出現富者越富、貧者越貧的財富分布不均現象。一旦貧富差距大幅度拉大，以往安定的國家或社會都將會逐漸走上崩壞之路。 另

一方面，隨著全球經濟活動的蓬勃發展，如果把人類目前對資源的需求量加總起來，我們需要相當於 1.7 個地球的資源才足夠使用。人類若是再不放緩消耗資源的步伐，地球資源將入不敷出，被我們耗用殆盡。除此之外，人類在活動的過程中，在環境污染和氣候破壞方面，後續影響將日益明顯，極端氣候的發生頻率越來越高，今後數十年，人類文明是否能夠「繼續下去」，成為一項挑戰。改變現在的經濟和社會結構，改造世界成為能夠「永續的社會」，讓我們賴以生存的地球能夠傳給下一個世代，這就是 SDGs 所要挑戰的最大議題。

事實上，開發中國家的貧窮人民並沒有使用到太多的資源。一直在浪費資源、污染地球的，是包括日本在內的已開發國家及其國民。以「永續世界」為目標的 SDGs 來看，最需要努力實踐目標的對象是已開發國家。

另一個理由出在已開發國家本身，這當然包括日本本身。日本在走向富強的過程中，原本住在地方上村鎮鄉町的人們放下了長久以來從事的農、林、漁業等，紛紛遷移到大都市中，或開工廠，或經營商店，或到公司任職。結果，地方上的人口大幅減少，時至今日，在少子化、高齡化的雙面夾擊下，很多村鎮鄉町正面臨「無法永續」的挑戰。如何改變大都會區人口、經濟過度集中的現狀，讓各地方都能夠建立起屬於自己的「可永續的社會」，已經成為必須要面對的議題。

現行的經濟結構、整體社會必須轉型，不能再任意使用資源、製造大量廢棄物、讓貧富懸殊越來越嚴重，如果再放任不管，只會走到不可挽救的地步。一旦走到「無法持續」的那一天，首當其衝的莫過於今後必須要生活在這個世界的年輕一代。SDGs 是讓我們還沒有走到不可挽救之前，重新思考與檢討如何把現在的世界、現在的日本帶往「可永續的世界、可永續的日本」的目標，而目標的實現需要集結大家的智慧與協助。

---

*「千禧年發展目標」（MDGs）共有 8 大目標，包括：1. 消滅極端貧窮和飢餓、2. 實現普及初等教育、3. 促進性別平權並賦予婦女權力、4. 降低兒童死亡率、5. 改善產婦保健、6. 與愛滋病毒／愛滋病、瘧疾以及其他疾病對抗、7. 確保環境的永續性、8. 全球合作促進發展。

什麼是 SDGs 時代的教育？

北村友人 ●東京大學大學院教育研究科　副教授

在實現可永續社會的路上，教育扮演著非常重要的角色。人與人的相處要能夠相互包容，懂得尊重彼此不同的文化背景和價值觀；生活環境氛圍和平又民主、經濟活絡又健全，可以滿足人們在食衣住行等各方面的需求，人們過著「富足」的生活。這些都是社會能否可永續的關鍵目標。

為了實現這些目標，首先必須幫助人們培養公民意識，讓大家對社會正義和倫理問題具有高敏感度，同時必須讓人們獲得足以從事經濟活動、參與社會活動的充分知識和技能，還要讓大家懂得應用和活用。更進一步，必須要訓練人們願意去關心國事和天下事，並且讓大家透過學習獲得解決問題的思考能力。

SDGs 賦予教育的使命並不只限於目標 4 的優質教育而已。實際上，教育是解鎖 17 個永續發展目標的重要關鍵。教育能夠培養各方面的專家，專精環境、專精經濟等等，涵蓋實踐 SDGs 所需要的各種領域的專家。教育可以對民眾潛移默化，讓他們對永續發展的理念產生共鳴，進一步成為推動並實踐永續發展目標的社會公民。還有，在實現 SDGs 的各個目標時，必備不可缺的研究開發和技術創新，也需要透過高等教育機關來執行。從上述種種來看，教育所發揮的力量將足以啟動永續、支撐永續。

那麼，教育這麼好的一個工具，目前全世界的現況又是如何呢？事實情況顯得嚴峻，大家別忘了受教權仍然無法普及。時至今日，全球 15 歲以上不識字人口仍然超過 7 億人（參見第 54 頁），至少有 5,000 萬的兒童已達就學年齡卻未就學。誠如我們所看到的數字，世界上還有許許多多的人連基礎教育都無法獲得。相信大家已經清楚地知道了。

失學的狀況主要發生在開發中國家和戰地、衝突地區等，不過包含日本在內的已開發國家也有著各式各樣的教育問題。日本國內處於「相對貧窮」狀態的兒童人數比率，比已開發國家的平均值還要高，但政府對這些弱勢族群的教育支援卻不夠充分。日本國內有不上學、閉居在家而失學、中輟學業的孩子，也有因為經濟因素放棄進入大學就讀的年輕人，還有被裁員、被迫離開職場後，得不到再次進修機會的社會人士。從這些事實來看，即便是像日本等高度開發的先進國家，也難以完全實現目標 4 的理念。

除此之外，社會正在快速地改變中。根據研究報告指出，與 2015 年相比，未來 2030 年時，將有 49% 的工作被人工智慧和機器人取代。報告也同時指出，難以被自動化取代的工作有「利用知識進行抽象化概念的規劃、產出和創意性工作；需要與進行人際交流、溝通協調、說服談判、須利用同理心的工作」*。SDGs 時代的教育必須強化這些能力。

為了實現永續社會，在保障所有的人都有接受基礎教育的權利與機會的同時，也必須關注於系統化的教育，有系統地將知識、技能教給我們的下一代。教育的目標當然不僅於此，為了讓人人都能夠因應變化迅速的社會需求，我們必須探究如何提供「終身學習」給民眾。像這樣的教育不應只存在於校園裡，期待在社會的每個角落、各個場所都能夠展開，讓所有人一生都擁有學習的機會。∎

* 野村綜合研究所 https://www.nri.com/jp/news/2015/151202_1.aspx
[2018 年 2 月 14 日閱覽]

除去心理障礙！
透過設計可以改變人類的意識形態

須藤伸二　●NPO 法人 People Design 研究所　代表理事

2012 年 4 月，我們在東京澀谷成立了社區總體營造的非營利組織，目標是實現多元化的社會，因為我們深信具有包容異質的多元化社會，絕對是任何一座都市、一個地區想要永續成長不可或缺的要素。從那時候起，我對「People Design」下了一個定義：「以具有創意的思考和方法，讓除去心理障礙的夢想成真」。同時，也以標榜超越既往公益模式的「公益 2.0」展開活動。

20 年前，我的二兒子帶著重度腦性麻痺來到這個世界，他出生的那一天可說是我從事現今活動的起點。而有一件事，只有身為社會福利的受益者才看得見、看得清，那就是存在於一般人和身心障礙者雙方內心深處的「意識形態」。「好可憐！」「看了實在不忍心！」「如果可以的話，不希望這樣！」身心障礙者被貼上了「標籤」，這些標籤則悄悄地藏在一般人的「心理障礙」當中。

最近，我們經常可以在車站的月台看見站務人員推著輪椅，協助身心障礙者搭車。相對於此，我們幾乎不曾看過一般人幫忙推輪椅的景象。又如歐洲各國，現在仍然有很多地方保留著石板路，石板路凹凸不平，與其投入大筆預算將它們剷平，還不如編列些許的預算做維護，畢竟守護歷史遺產的觀念更容易被社會接受。然而，從外表和行動就可以判斷是身心障礙者的人，像是坐輪椅的人就不用說了，也常常出現在我們的都市，不是嗎？倫敦舉辦殘障奧林匹克運動會的期間，路上的行人看到坐輪椅的殘障者，就會自然而然地上前幫助他們上下市區車站的樓梯。也就是說，一般人協助身心障礙者成了一種常態化的行為。

在日本，大概從上小學開始就會把學生分成正常兒童讀的普通班級和身心障礙兒童讀的特別資源班（筆者那時候做「特教班」），這種現象很少發生在主要的先進國家。在日本一般人也就因此很少有機會和身心障礙者接觸。我們可以做個小實驗，這裡有六個姓氏，分別是佐藤、鈴木、高橋、田中、渡邊、伊藤，讀者們想一下，你認識的人當中，有幾個人姓這些姓氏呢？接著再想一下，你的朋友當中，又有幾個人是身心障礙者呢？全日本身心障礙者的人數大約是 859 萬人 *，前面提到的六個姓氏也就是日本人口最多前的六大姓氏，加總起來剛好跟身心障礙者的人數差不多。

因為從小缺乏跟和我們不一樣的人做朋友的經驗，就只能一路「無知」下去。「無知」很容易引發類似「恐懼」的心理，造成「不想接近、想要走避」的心態。這就是「心理障礙」。這個問題源自於我們在無意識中，受到包含教育過程在內，整個社會習慣的不斷灌輸的「意識形態」。現在，該起身走出教室了，是該用自己的身體和時間建立「新常識」的時候了。「智慧」是對他人的「恩惠」，智慧應該用在這種地方，才稱得上「有智慧」。今天，要設計的不只是環境、建築物等硬體而已，行動、行為，甚至人們的意識，都需要設計。

請務必要抬頭看看世界，試著質疑從以前到現在被灌輸的常識。小說和電影情節中令人瞠目結舌的科技，正一天天走入我們的現實生活中。科技會改變我們的習慣和意識，運動和娛樂也具有改變的力量。例如電影「星艦迷航記」（Star Trek）、「X Man」、「動物方都市」（Zootopia）就帶給我們啟示，要像主人翁那樣，把自己天生「與眾不同」之處化成力量。少數派超越多數派，也許只是時間上的問題而已。

有一個社會，人們都抱著一顆歡喜的心，與各式各樣的人自然相處、相互包容。有一個世界，不談權利、義務，但人們對多元不同的價值觀經常透過對話溝通，熱絡地交流、相互鼓勵。筆者想要借助設計的力量，和新世代的你們一起創造那樣的未來。▊

* 平成 29 年度殘障者白書（內閣府，2017）

社區是誰的社區？
——真正為社區著想，必須從居民的角度出發

柴牟田伸子 ●住民歸屬感（Civic Pride）　研究會 / 編輯 / 記者

位於南美洲哥倫比亞的麥德林（Medellin），曾是販毒集團的大本營，以凶殺案多、謀殺率高、處處有危險而聞名全球的都市。警方緝拿毒販、取締毒品，常常無功而返。為了改善麥德林的治安，當地政府意識到必須從改善居民的生活現況做起。麥德林城裡有一大片貧民窟，就是毒品的溫床。而那裡的居民就業困難，很多人都沒有工作，出生在這些家庭裡的孩子也不知道什麼是工作，形成了難以斬斷的貧窮惡性循環。

市政府為了解決貧窮問題，並讓孩子們都可以到城裡來上學，決定以都市再造為主軸。市政府斥資修建了一條通往貧民窟貫穿全市的公共纜車，接著又蓋了五座嶄新的圖書館。麥德林的犯罪率竟因此急劇下降，經濟也日益復甦，整座都市脫胎換骨，重獲新生。纜車和圖書館成了幕後最大功臣。

地球的各個角落都有人類居住。不同的區域有不同的環境和風土民情，人們居住在其中，自然孕育出特有的文化。不過，大家知道嗎？任何一個社會都有窮人、流浪漢、移民、孤獨老死者、養不起子女的人，存在著各式各樣的問題。就麥德林的例子來看，產生毒品問題的根本源是貧窮，於是市政府用眼睛看得到的方法，向市民展現消滅貧窮的決心，結果，地方、社會開始改變了。

為了讓自己住的社區變得更好，各種大大小小的嘗試不斷地在各地推動。英國的一個小鎮托德摩登，居民在鎮上的公共空間種滿香草和蔬菜

（參見第98頁），任何人都可以隨意採食。這個公眾菜園的創意來自於想要吃得健康、想要做到自給自足的想法。

社區的規則由居住在社區裡的全體住戶共同決定，理所當然小孩也是社區的一員，所以很多社區設立「兒童會議」機制。有人發現到孩子獨自一人用餐的現象越來越嚴重，於是，很多奶奶在自己居住的社區發起了「兒童食堂」，免費或收取少少的費用讓孩子們走進食堂，讓孩子們開心地和鄰桌的小朋友一起用餐。

一間又一間的空房子逐漸讓故鄉走進落寞、凋零，對此痛心的居民於是把這些空屋改裝成麵包店、咖啡館，結果，成了婆婆媽媽的社交場所。房子壞了不一定找專家來修，因為社區裡頭也有懂得修繕的人。社區裡有協助身心障礙者就業的人，也有從旁支援身心障礙者的人。

除此之外，還有村子善於就地取材，活用地方上的資源，例如就有村子利用森林資源，全村通力合作製造出新的能源。也有人利用科技技術，將地方上農漁業的生產者和都市裡的消費者串連起來，建構出一個新的循環互動體系。宅配人員不只是送貨，有些人還會在執勤時不吝關懷社區裡的獨居老人。

現代人生活中的林林總總，絕大部分都有商家、店家提供服務，我們只要花錢消費即可。想要過著關在家裡打一整天電動，餓了就到隔壁超商買便當裹腹的生活，一點兒也不困難。不過，試想一下，如果社區裡住的清一色是這些以自我為中心的人，這是件好事嗎？再回頭看看剛剛提到的例子，在他們的社區中，人們對有困擾的人、對社區的問題，並不是用謾罵或抱怨的方式來回應，而是思索為什麼會發生這種問題？應該怎麼做可以讓自己不生氣、不發牢騷？進而將想法和點子轉化成計畫和行動。

日本已經進入了超高齡化社會，再這樣下去，很多地方都變成沒有未來、無法永續的鄉鎮村町。社區之所以成為社區，是因為有人居住在其中，現在、還有以後，我們為社區付出的一點一滴，將變得格外重要，因為這些正是讓宜居、樂活的社區，得以可永續的重要關鍵。■

思考什麼是良性影響的消費行為？

末吉里花 ●一般社團法人倫理道德協會　代表理事

你知道身上穿的衣服是誰做的、在哪裡做的、怎樣被製造出來的？今天早上喝的紅茶呢？下午吃的巧克力零食呢？恐怕所有的人，都不知道商品背後的生產和交易實情。為什麼呢？因為生產資訊鮮少公開在商品上，就算我們想了解也無從得知。假設商品在生產等過程中破壞了環境、剝削了勞工，如果我們在不知情的情況下「買」了它，等於是透過「消費」的行為助長惡行，也成了破壞環境、剝削勞工的共犯。我們每天的日常生活中，或多或少都會有消費行為。我們很多生活所需都來自開發中國家，像是用來製作衣服原料的棉花、巧克力原料的可可豆，以及咖啡、紅茶等等，在生產的背後，包藏著血汗工廠、使用童工、破壞環境、生物多樣性消失等嚴重的問題。

在消費時，主動選擇符合道德良知的商品，等於所購買的商品在生產、運送等所有環節中，沒有傷害、破壞或剝削人類、社會以及自然環境，也就是所謂的「良知消費」（又稱為道德消費），可有效解決上述的各種問題。學生、企業主、上班族、家庭主婦，不管個人的身分是什麼，所有人都是消費者。只要我們做出對的選擇，就可以藉由日常生活中的消費行為，幫助世界解決問題。這是一個極其尋常的作為，從今天開始、從明天開始，任何人都可以輕易辦到。17 個永續發展目標中的第 12 個是「負責任的生產與消費」，支持良知消費就是以實際行動落實永續目標 12 的一大步。

日本的消費者廳自 2015 年 5 月開始，進行了為期 2 年的「『良知消費』調查研究會」，制定良知消費的框架。良知消費的範圍很廣，從以國際公平貿易為首的商品，到有機、地產地銷、庇護工場商品、義賣品、傳統工藝、動物福利、愛心商品、回收原料製成商品、道德金融（Financial moral）等等各種形式的良知商品，都是良知消費的範圍。

那麼，對良知消費具體而言，到底能夠發揮怎麼樣的影響力呢？企業無法無視於消費者的存在，消費者的需求足以左右企業的經營型態。從這一點來看，消費者具有非常大的力量，留意產品的來源與製作背景，也就成了每一次消費的重點。想像力的培養是需要的，因為這樣才能看得見看不到的故事。

另外，產品上有國際公平貿易、有機棉等認證，或有友善森林標章、漁業生態標章等驗證，代表已有第三方代替我們確認過產品的生產過程中沒有不合理的情事，消費時只要認明有標章、通過認證的商品，在選擇商品的過程就簡單容易多了。還有，問問超市裡有沒有「公平貿易商品」？甚至，主動請企業告知「某個產品的生產過程」等等，都是在向企業、製造端表達自己的立場。我們每天的消費行為不只是為了個人的生活而已，我們必須自覺每一次的消費，對人、對社會、對環境都會產生影響，都是在對人類的未來做選擇，身為消費者的我們有能力讓世界變得更美好。除此之外，自古以來日本人一向重視的「互相」、「託福」、「惜物」等精神，其實與良知消費的理念高度契合。

話說回來，從現在開始通通改買符合良知消費的商品，任何人都辦不到，但我們可以有折衷的方式。例如買 5 件 T 恤中，有 1 件選擇有機棉產品；常買來當零食的巧克力，挑 1 盒貼有公平貿易標籤的巧克力；直接向產地的小農購買蔬菜等等。試著從小地方做起，踏出良知消費的第一步，你一定會有新的發現及莫大的喜悅。只要我們每天的生活能夠和「樂活自己」、「友善世界」結合在一起，那麼，讓地球上的所有生命都能過著有尊嚴的未來，必定指日可待。▉

編按：綠色消費指的是日常生活採行簡樸節約原則，有「三 R、三 E」六原則，減量消費（Reduce）、重複使用（Reuse）、回收再生（Recycle）、講求經濟（Economic）、符合生態（Ecological）、實踐平等（Eqaitable）。也就是說，生活必需品的消費，考量產品對生態環境的衝擊，而選購產品或其原料之製造、使用過程及廢棄物處理，對環境傷害較少、污染程度較低者。https://greenliving.epa.gov.tw/Public

「被科技覆蓋的地球環境」該如何永續發展？

村井純 ●慶應義塾大學環境情報學部　教授

在 2000 年，日本太空人毛利衛搭乘太空梭執行第二次太空任務，此次的任務主要是從太空觀測地球。他說從太空鳥瞰地球的白天，海洋、陸地、雲彩都美不勝收，親眼見證地球孕育生命的「地球自然環境」，真令人感動。到了晚上，在闃黑的宇宙中，看到都市裡宛如寶石般閃著耀眼光芒的燈光，甚至由無數個亮點連接起來的日本鐵道路線圖都清晰可辨，毛利說這是一種有別於白天的切身感動，因為這些光景是人類製造出來的「地球科技環境」。科技發展的目的是為了人類、為了社會能夠變得更好，身處在此當下的我們，太空人毛利的觀點給了我們莫大的鼓舞和勇氣。

SDGs 想要解決的人類議題或地球課題，無一不是複雜且艱鉅的任務，想要達成目標的確不容易。網際網路出現於 1980 年代，到了 90 年代迅速地在世界各地發展，可說是來自 20 世紀的贈禮，讓生在 21 世紀的人們可以無遠弗屆、可以隨心所欲地使用電腦、搜尋數據資料。甚至，我們只要連上網路，就可以看到大家的意見和創意，隨時更新或獲得最新的情報和資訊，進而將各種不同領域的人連結起來，一旦發現新課題，然後發揮力量共同解決它。網際網路的使命，不就是要提供給所有人這樣的環境嗎？2017 年全球網際網路普及率超過 50%，全世界人都是網民的目標，應該在不遠的將來就要實現了。

時至今日，舉凡文字、音樂、影像、檢測和檢查的結果，都可以透過數位化的處理呈現。進步火速的數位化設備（電腦）擁有強大的計算與分

析能力，無論數據有多龐大、多複雜，都能導出解答。數位化設備的特徵是只要一經量產，價格就會大幅下降，這也就是為什麼性能再優異的設備也能很快普及化的原因。

最顯而易見的例子就是智慧型手機。智慧型手機有美輪美奐的畫面顯示，有功能強大的相機和鏡頭，還可以定位，不僅可以記錄運動狀況，也記錄移動軌跡；內建的麥克風和喇叭，讓我們可以聽音樂、打電話。智慧型手機有如一部收納在手中的迷你電腦，只要行動網路保持連線狀態，就可以隨時隨地和全世界的人產生連繫。總之，我們想做的任何事，任何人都可以透過網路結合其他志同道合的夥伴共同完成，甚至一起同心協力解決任何問題。

網際網路是實踐 SDGs 很重要的關鍵。如果無法解決那些複雜、艱難的議題的話，永續發展目標就無法被實現。為了解決各種複雜、艱難的議題，需要有理性或感性的人、各個領域的人共同參與，一起發揮力量做出貢獻。一直以來以解決各種議題為使命的社會和組織，也需要重新產生新的連結，亦即全球各地的人為了未來、為了共同的目標攜手合作。在此之前，在自己國內展開公私、上下合作的政府和組織，為了共同的目標必須要轉變成跨越一切界線的橫向合作。發達的網際網路有助於促進連橫合作，成為推動 SDGs 的一大助力。

另一方面，我們也不要忘了 SDGs 中的目標，也指出存在於人類與科技之間的幾個急待解決的問題。科技的發展不能停滯不前，但科技發展不能衍生出新的問題，這一點非常重要，因為這樣才能持續朝 SDGs 的目標前進，創造未來。

以網際網路和數位科技為前提，今後的地球環境會在透明、創新躍進的科技協助下健康發展，朝著永續發展方向大步邁進。█

自然資本是 SDGs 的根基

足立直樹 ●永續事業新創家 （Sustainable Business Producer）

我們常常看到的 SDGs 圖形，17 個目標就像彩色磁磚一樣，一個接著一個排列在一起，看起來猶如 17 個獨立的個體，彼此之間並沒有什麼關連。不過，讓我們來進一步思考，假如所有人都能夠獲得永續的綠色能源（目標 7），就可以使氣候變遷的趨勢和緩下來（目標 13）。再比方說，當所有的人都能夠接受優質教育時（目標 4），直接或間接地就會對性別平等（目標 5）產生了很大的影響與貢獻。

當我們像上述一樣深思目標和目標之間的關係時，就會發現 17 個目標原本就不像依序排列的磁磚那樣各自獨立，我們需要更靈活地思考 SDGs。

從「環境」、「社會」、「經濟」三個範疇，歸納、整理 17 個目標，會更容易了解永續發展目標的全貌。大家請看右頁的圖示，我們用婚禮蛋糕的形狀來呈現 SDGs，從下而上的三層依序是環境、社會、經濟。從這張圖可以清楚地看到目標之間的關連性。位在最上層的是與經濟有關的目標，無論是開發中國家或經濟發展到某種程度的已開發國家，大家都希望這一層的目標能夠得到實現。想要有可永續的經濟發展，必須要有可永續的社會。一個人民三餐得不到溫飽的社會，一個戰爭、暴力層出不窮的社會，有可能順利發展經濟嗎？又例如有很多人生病、不健康的社會，人民普遍無法接受教育的社會，或者無法讓女性發揮能力的社會，要怎麼發展經濟呢？這張圖為我們說明了只有社會穩健發展，才能支撐經濟向上發展。

再請大家仔細看一下，與環境有關的目標位在最下層，所有與永續社會

有關的目標，全賴它的支撐。換句話說，4 個與環境有關的目標是影響社會永續的 4 個核心，包括減緩與調適氣候變遷（目標 13）、永續的水資源循環，讓所有人都享有安全用水（當然，也包括人類以外的其他生物）（目標 6），以及守護海洋資源（目標 14）、促進陸上的生物多樣性和生態系統（目標 15）。

為什麼這麼說呢？我們只要想一下每日三餐所吃的食物，馬上就會明白。包含我們人類在內的一切生物，必須以其他生物為食物，否則無法存活。除了食物以外，所有生物也不能沒有水，水是維持一切生命的必要元素。也就是說，水裡和陸上的多樣化生物，相互支撐著彼此的生命和生活。氣候、水資源、海洋、陸地，是支撐社會健全、使社會發展的一切基礎，正因為如此，17 個永續發展目標中，與環境有關的 4 個目標被置於最下面一層，說明了它承載其他目標的支撐角色。我們已然理解生物及生態系統無法被取代的重要性，因此有人稱又它為「自然資本」。地球上的生物及其所形成的生態系統，以最底層基盤的樣貌支撐著社會、經濟，可以說是地球永續發展的最重要資本。■

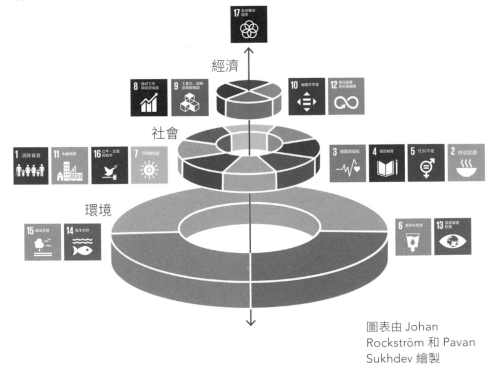

圖表由 Johan Rockström 和 Pavan Sukhdev 繪製

在 SDGs 的時代，
具有社會使命感的企業將勝出

田瀨和夫 ●SDG Partners　常務董事 /CEO

企業往往被認為是一個只想賺錢的組織，但事實並非全然如此。世界上有很多企業在獲利的同時，也在社會中扮演著有用的角色。舉例來說，建設公司蓋房子，提供給人們居住的地方和工作的場所；食品公司滿足人們在飲食上的各種需求，也幫助農民能夠持續耕種；因為有銀行的存在，人們可以儲蓄，為下一代準備教育基金。除此之外，企業賺錢景氣好的時候，政府的稅收就會增加，也就可以執行更多的公共政策和事業，讓人們的生活過得更好。換句話說，對現代社會來說，企業是必須存在的組織。

不過，企業如果只是一味地追求自身的利益，就會變成社會的毒瘤。以 1960、70 年代的日本來說，公害成為嚴重的社會問題，起因於企業貪婪地追求利潤，無視對社會帶來的負面影響，明知故犯所致。

1900 年代，全球體育用品製造大廠在巴基斯坦等開發中國家雇用大量童工，當童工縫製足球的真相被揭露，引起全世界撻伐。這些未成年兒童之所以變成必須勞動的足球奴隸，是因於他們沒有辦法去上學，沒上學就無法讀書識字，終其一生都得成為被剝削的對象。也就是說，全球企業只關心自身利益的作法，豈止是斷送孩子的未來而已，恐怕就連那個國家的未來都一併葬送了。

要實現 SDGs 的永續世界，企業被賦予比起以往更多的社會責任，同時企業角色也將受到更多期待。例如，為了阻止地球增溫，大量使用化石燃料的企業必須確實負起責任，否則永續目標難以實現。為了落實兩性平等，提供給職場上的女性一個更能夠發揮的環境和組織，絕對有必要。由此看來，企業的經營者必然得主動、積極採取行動，加入實踐 SDGs 的行列。

比方說，企業研發不使用化石燃料的方法製造產品、開發電動汽車，如此一來，不僅對保護地球環境有貢獻，最終帶給企業的也是商機，並為企業創造收益。再看兩性平等，已經有越來越多的證據顯示善用女力的企業，勞動生產性較高。也就是說，透過實現 SDGs 兩性平等的目標，企業可以得到較高的績效和產值。

有鑑於此，在企業當中任職的人，尤其是擔任管理階層的人，必須充分了解 SDGs。這並不是因為 SDGs 是聯合國提出來的目標才要去了解，而是我們究竟想留下什麼樣的社會給我們的下一代，針對這個問題，企業應該採取什麼樣的立場和策略，才能在 2030 年之前做出貢獻？對企業的存在和存續而言，前述的貢獻又代表著什麼意義？企業有必要一面展望未來、一面思考這些問題。

現在正在國、高中階段的青年朋友，到了 2030 年之後都將陸續進入社會，應該有多人在公司上班吧？到那時候，讓大家一展才華的舞台──企業，若能擁有明確的社會使命，不論是對社會或對個人來說，都是重中之重。過去、現在、未來，環環相扣，企業擔負著連結個人和社會的任務，我們可以斷言這樣的連結可以世世代代傳承，促成可永續世界的可能性就會變得更大了。█

你我的錢是幫助 SDGs
早日實現的最佳王牌

河口真理子 ●大和總研株式會社　調查本部　首席研究員

1,809 兆日圓（約台幣 508 兆）。這個數字是日本全體國民所擁有的金融資產總額。2018 年度日本政府總預算為 97 兆 7,128 億日幣（約台幣 27 兆 4,515），雖然只涵括了社會福利、國防、教育和公共事業的支出，由此可知，在日本市民的金融資產總額，足足有總預算的 18 倍。

為了自己將來的學費和生活，不能沒有金融資產，而且希望能夠理財得當，利上加利，這是很多人的心聲。事實上，這些為了將來的金融資產，也可以成為實現 SDGs 的王牌。

怎麼說呢？被我們存進銀行的金融資產，並不是就此在銀行裡的金庫沉睡不起。它們會擔任潤滑油的角色，讓社會的經濟順利動起來。我們把錢存在銀行裡有利息可以領，投資股票可以獲得配息，有些人買的壽險可以得到幾千萬日幣的給付，這是因為銀行、投資機構、保險公司對企業融資或投資，讓「錢工作」的緣故。

銀行把大家的存款收集起來，借給企業賺取相對利潤；保險公司把大家的保費、年金基金，運用在全球的股票和債券上。很多人可能輕忽了，我們一旦買了股票，就會成為該股票公司的股東，對該公司的經營理當負有責任；如果買了國債和公司債等債券，我們的錢就會被運用在政府建設，以及企業的業務和事業上。其他如財經專家主持的投資信託等等，也都是金融商品的一環。我們的金融資產便是透過專業機構，運用各種不同的方式，讓錢在社會上工作。在這個前提下，我們的金融資產和 SDGs 有什麼關係呢？

試想一下這個例子。一家是對解決貧窮問題有幫助的國際公平貿易巧克力生產商，另一家是銷售一般廉價巧克力的生產商。廉價巧克力生產商的便宜巧克力比較有銷路，如果再加上融資、投資都流往那家公司的話，公平貿易巧克力就很難存活了，結果只會讓開發中國家的貧窮問題更嚴重，無形中也會增加社會不安，到最後可能連可可亞都生產不了。

再想一下，便宜的進口木材和高價的國產木材。使用便宜的進口木材做原料的住宅、家具和紙張，在市場上具有價格競爭力的優勢，銀行全然針對企業的獲利能力給予貸款，讓這些企業擴規模，投資者買進這些企業的大量股票，開發中國家的木材公司為了賺錢，越發亂砍濫伐森林，大舉破壞生態系統，森林消失無蹤，原本在該地區世代與森林共生的居民也住不下去，到最後便宜木材也無法取得，公司也就無法繼續下去了。

回過頭來看看銀行和投資者，假如他們支持並且以實際行動金援公平貿易巧克力的生產商和使用高價國產木材的業者，情況又會變成如何呢？眼前可能無法獲利，但以長遠的眼光來看，這些企業所從事的是對地方、對生態有幫助的事業，是為了提高人們的生活品質，銀行和投資者對這些企業的融資和投資，等於是對 SDGs 的實現貢獻一己之力。最近，我們稱這種投資為 ESG 投資（詳見第 134 頁）。

銀行和投資者不同的資金運用方式，就產生不同的結果。也許有人會說：「一般人哪有辦法做什麼判斷？」要知道無論年金、保費的金額有多龐大，從一開始就是靠我們的金融資產一筆、一筆累積起來的。

當我們要存款時，應該事先了解一下銀行的融資方針，再決定把錢存到哪家銀行。當我們要投資股票時，判斷基準不僅是該企業是否獲利，還要看企業是否同時兼顧到社會利益。年金基金是我們的錢，我們有權利表達希望基金用在正確的方向，可以幫助落實 SDGs 的想法。投保壽險時，關心死亡或受傷可以領多少理賠金無可厚非，但不妨也問問看這些資金將如何被運用，是否對 SDGs 的實現有幫助？

自己投資的錢如果能有益於環境，我們終究會成為受益人。到時候不僅是獲利而已，我們的社會也會變得更好。只要有越來越多人意識到這一點，並且慎選金融資產的運用方式，就是推動 SDGs 的一大助力。∎

邁向沒有暴力的世界

小山淑子 ●早稻田大學　講師

請問各位讀者，有人殺過人嗎？ 有認識在戰亂環境中長大的朋友嗎？ 筆者剛好有幾位朋友符合上述的描述。 艾倫就是其中的一個，筆者想利用這個專欄說說她的故事。

艾倫是她的化名，我們是在西非的利比亞認識的。利比亞，一個內戰持續了 14 年的國家。艾倫在中學生的時候，一群武裝份子闖進了她的家，艾倫就在家人的面前被這群暴徒集體性侵，最後，暴徒還當著她的面殺死了她的父母。 劫後餘生的艾倫逃到了鄰國，那裡聚集了許多跟她有同樣悲慘遭遇的女性。 那時候的利比亞，警察和軍隊形同癱瘓，根本保護不了人民的生命安全。 由於當時武器氾濫，艾倫很輕易地取得了一把小型自動手槍，帶在身上回到自己的祖國，跟其他的女性同伴組成自衛隊保護百姓，遇到性侵嫌犯、搶匪歹徒就給予教訓，有時則直接擊斃。 艾倫的自衛隊全盛時期，女性隊員超過 3,000 人。

我與艾倫相識是在利比亞剛踏上復興之路的時候，24 歲的艾倫邀請我到她家作客。 映照著蠟燭的燭光，她攤開了照片，向我介紹照片中曾經和她一起並肩作戰的朋友。 照片中的人都很年輕，頂多是讀高中的年紀，其中還有很多看起來只是國中生，甚至是小孩子。艾倫指著照片說：「這個死了，那個也死了。」語氣十分平淡。艾倫有很多朋友都因為戰亂和生病喪失了性命。 艾倫也是位單親媽媽，育有一對 4 歲的小孩，一個是她的親生女兒，另一個是朋友的孩子，朋友在戰鬥中身亡了。

正在復甦中的利比亞，男性如果之前當過士兵的話，可以得到工作；反之，

女性就會被貼上「拿過武器的女人」的標籤，遭到嚴厲的批判，不僅沒有辦法重新回到學校，而且在就業、工作上也是困難重重。在無法受教、無法就業的雙重壓力下，艾倫被迫賣淫，成為社會上那些有頭有臉的人洩慾對象，為了年幼的孩子，她只能苟且偷生。

如果艾倫生在警察打擊犯罪、司法懲治惡徒的「法治社會」，也許她就不會和其他同樣遭到性侵的被害女學生們展開私刑報復，甚至殺人，讓自己也變成了加害人。

那時候，很多小型的自動槍枝從國外流入利比亞境內，這些槍枝不僅殺傷力強，而且容易維修、變造，使得利比亞槍枝氾濫，別說大人了，就連身軀嬌小的小孩都能拿槍上戰場。如果有槍砲彈藥等管制條例，並且有執法人員確實緝查非法槍枝，相信可以拯救很多無辜的生命。

還有，內亂結束後，利比亞的女性和身心障礙者仍然得不到受教和就業的機會，很多女性和身心障礙者根本被忽視、被遺忘了。如果每一個人都能夠得到應有的尊重，會出現怎麼樣的情況呢？首先，不會有人被貼上「因為是女人（男人）」、「因為身體有殘疾」之類的標籤，沒有人會對他們存有偏見、歧視，當然也就不會有輕蔑、排擠或霸凌等有形或無形的暴力產生，他們也就不會因為別人異樣的眼光或作為而感到痛苦了。

對生在日本的人來說，世界有些角落陰暗面讓人難以想像，艾倫的故事就是其中一個。其實，社會標籤可以簡單的被撕除。某個社會被稱為「已開發國家」，又或者某個社會被稱為「開發中國家」，如果不希望這樣子的標籤出現，此時此刻我們可以做什麼呢？為了除去這些標籤，我們每一個人可以在什麼地方貢獻一己之力呢？筆者的腦海中突然閃現了一個問題，如果我是艾倫的話，我該如何活下去呢？ ■

目標與目標之間，
都緊密相連、環環相扣

蟹江憲史 ●慶應義塾大學研究所　政策、媒體研究科教授

筆者認為 SDGs 有兩個很重要的特徵。 一個是本書第 15 頁提到的 SDGs 所勾勒的未來願景為基礎，站在未來思考今天，在未來藍圖的指引下思考，可以幫助我們跳脫現在的框架，看見真正的需要。 另外一個特徵就是要將這 17 項目標整合一起構思。SDGs 幾乎涵蓋了全世界所有的課題，之所以說「幾乎涵蓋」，是因為仍然有課題沒有被觸及。 例如對日本也相當重要的核能發電議題，SDGs 並未提到未來核電將何去何從？ 擁核、反核各有立場，極其兩極化，在大家對核電的理想狀態還沒有達成共識之前，也就不直接談論。 雖然如此，但如果我們從「潔淨能源」的觀點思考，究竟怎麼樣的能源才叫做潔淨能源？ 我們還可以從「廢棄物管理」的角度，評估核電的優劣利弊。 換句話說，假如我們像這樣從相關的議題下去做考量，那麼，SDGs 所涵蓋的課題就是一切的課題、全部的課題。

誠如上述，永續發展目標想要解決的議題「無所不包」，如此一來，如果所有的目標都必須納入考量、呼應的話，執行起來豈不是規模浩大、難以入手？ 當 SDGs 順利執行時，即便所有的目標都不考量，也等於是考量了所有的目標。 讀者是不是覺得矛盾，究竟怎麼回事呢？

17 個目標具有連動效應特性

SDGs 雖然有 17 個目標，但並沒有要大家把 17 個目標、169 個子目標通通列入考量、呼應的意思。 我們可以先從自身關注的議題開始，因為這個議題將成為進入 SDGs 的首要關鍵。 事實上，一旦進入後，

即能與其他相關目標一個接一個連結，結果就是 17 個目標或者幾乎 17 個目標都呼應到了。對一個目標採取行動，往往是實現另一個目標的關鍵，這就是所謂的「串連式的關係」。

無論是政府或企業、自治體或學校，每一個主體依據自身的情況都各有不同的優先順序項目。例如，現在日本將「賦權女性」、「勞動改革」列為優先議題，這兩個議題前者對應的 SDGs 是性別平等（目標 5），後者對應的是就業（目標 8）。不過，我們回過頭來想一想賦權女性這件事，如果女性能夠確實獲得和男性相同的資源和權利，實際上有助於解決單親媽媽的貧困問題（目標 1），而且與教育（目標 4）、就業（目標 8）、消除男女和世代間的不平等及歧視（目標 10）、對懷孕婦女友善的都市與交通設施（目標 11）、提升女性自主權及增加公共參與機會（目標 16）等多個目標，都密切相關。當對某個目標採取具體行動時，就會發現該目標也可以連帶推動其他很多個目標。換句話說，17 個永續發展目標，每一個都是進入 SDGs 的開始。無論是誰只要打開其中的一扇門，就能夠與其他的目標產生連結，這就是 SDGs 的特徵之一。

同時也是在告訴我們，很多社會議題並非單獨存在，而是彼此盤根錯節、交互影響且互相關連。國家的省廳和地方的自治體皆依任務編組，將行政機關區分為建設、能源、農業等部門，專業分治具有能有效解決問題的好處，但就現代社會來說，單憑一個部門就能解決的問題實在是少之又少。很多問題都需要做整合性、全面性的通盤考量，才能夠露出解決的曙光。

實務上，究竟應該怎麼做呢？我們以目標 12 的第 3 項子目標 12.3 為例，也就要在 2030 年前減少一半的食物廢棄量。要知道另一項子目標 2.1（意指目標 2 的第 1 項子目標，以下同）是消除飢餓，這兩個子目標都與食物有關，為了消除飢餓，必須增加產量，才能滿足更多人對食物的需求。不過，回過頭來想一想，只是一味地增加產量，只會使得更多堪用而沒使用的食材以及賣不出去的食品，在生產和販售的過程當中被丟棄，不是嗎？這樣哪裡能夠降低食物廢棄量？反而還會增加更多的食物廢棄量。

彈性思考是促使 SDGs 實現的原動力

因此，這時候就需要整合性的思考，朝同時解決 12.3 和 2.1 的方向研擬對策。譬如說，明明還能夠食用、安全無虞的食品，只是因為過了賞味期，或者買太多造成大量庫存，就被丟進垃圾桶。從今天起，可以把這些仍然可以吃的食物收集起來，分送給需要幫助的弱勢民眾。另外，要改變大量購買、大量丟棄的消費模式，只買真正需要的部分。至於，已經多買或接近賞味期的食品，則可以運用巧思做成美味料理。從減少家中的食物廢棄量開始，發想怎麼樣可以幫助有食物需求的人，就會收到一舉兩得的效果。

為了達到目的，建議和志同道合的人一起推動，同時一併考量收集過來的食品如何分送給有需要的人。當開始做全面性思考時，就會知道需求與物流、消費者、生產者等等，並且和以往不太相關的人共同努力，相信有志者事竟成。面對食物浪費和消除飢餓，我們還可以想出其他各種應對方法呢。

與子目標 12.3 有關連性者，不只是飢餓問題而已，像與學習知識和技能有關的 4.7，以改善基礎建設為目標的 9.4 以及講述氣候變遷對策的 13.2 等等，都能夠一起納入考量。

從現在開始，我們需要有「富於彈性的思考模式」，才能對目標與目標之間的關連性保持認知，從而展開新的計畫和行動。對於 SDGs 的實踐，必須是採取一個行動可以同時達成某幾個目標，而不是損及其他目標的進度。從現在開始一直到 2030 年，「時間」是我們的夥伴之一，有些事無法現在就獲得解決，但隨著時間的累積，最後也得到解決了，不是嗎？

以往「大量生產、大量消費」的模式，讓經濟呈現大幅躍進，但在許多國家都循此模式不斷開發之下，儼然為地球帶來莫大的負荷，國與國、人與人之間的差距也越拉越大。為了遏止這種趨勢繼續惡化下去，必須要有能夠一次、同時解決各種問題的智慧。

我們可以這麼說，只有以未來為目標的整合性行動，才是讓所有永續發展目標得以實現的要素。

子目標 12.3 與其他子目標的關聯性

方法

7.2 大幅提高全球再生能源的比例⋯⋯

效果

4.7 確保所有的學習者都能學得可促進永續發展的必要知識和技能而⋯⋯

9.4 提高資源使用效率，採用乾淨且環保的技術與生產製程，升級基礎設施並加速產業轉型，使永續發展成為可能⋯⋯

17.14 加強政策的連貫性，以實現永續發展⋯⋯

17.16 強化多邊合作的全球夥伴關係，以實現永續發展⋯⋯

17.17 獎勵及促進有效能的公私協力與公私夥伴關係，以及與公民社會的合作⋯⋯

子目標 12.3

全球所有屬於消費和零售層級的人，減少一半的食物廢棄量，並減少生產與供應鏈上的食材廢棄，包括採收後的廢棄。

同時達成

8.2 透過多元化、技術升級及創新，達成經濟成長⋯⋯

8.4 漸進式地提高全球在消費及生產上的資源循環效能⋯⋯

12.2 實現自然資源的永續管理以及有效率的使用⋯⋯

12.5 透過源頭減量、修復翻新以及回收再利用，大幅減少廢棄物的產生⋯⋯

13.2 將氣候變遷對策納入國家政策、戰略以及規劃之中⋯⋯

2.1 消除飢餓⋯⋯

2.2 消除所有形態的營養不良⋯⋯

2.4 確保可永續發展的糧食生產系統⋯⋯

調整

一起學習、一起行動吧！

山藤旅聞（生物）、山本崇雄（英文）

●新渡戶文化小中学校‧高等学校 教諭／Confeito 未來教育設計　共同創辦人

你喜歡什麼？什麼事可以讓你廢寢忘食？現在正在思考這個問題的你，在「自己喜歡、可以讓自己廢寢忘食的興趣」上，有著 SDGs 的目標嗎？透過 SDGs 這扇「窗」來看自己喜歡的事，是不是發現自己的興趣原來與全球的議題有關連？自己想做的事，不僅是為自己，也是為大家。這也是 SDGs 的魅力之一。

另一方面，SDGs 的解決方案不會只有一個。我們在學校考試作答時，絕大部分的題目，答案都只有一個，但 SDGs 不一樣，大家盡可能用適合自己的、能力可及的方法去嘗試。看到這兒，是不是覺得躍躍欲試？

拚命去想自己能做什麼？想到後來往往發現自己什麼也做不來。一個人做不來，那何不試著找同伴一起來呢？讓我們創造夥伴關係，就算我們的話得不到他人的共鳴，也不需要灰心喪志，試著改變溝通的方式，再向其他人表達看看。持之以恆，一定能夠找到願意和自己一起行動的夥伴，一步一步建立起夥伴關係。

SDGs 是全球的共通語言，可以幫助我們和全世界各地的人連結，創建出夥伴關係。這是 SDGs 的另外一個魅力。跨越國與國的界限，不分彼此一同談未來的時代已經來臨了。的確令人躍躍欲試！

仔細看過 SDGs 的議題以後，你是不是覺得沒有一個議題不重要呢？這是你與生俱來的道德感所驅使導致。透過 SDGs 這扇「窗」看未來，然

後用人類與生俱來的道德感做出判斷，採取行動，而且，要一邊行動、一邊學習。也許你會發現同樣拿著這本書、恨不得馬上採取行動的夥伴，就近在咫尺。（山藤）

大家曾經對大人說的話或社會上發生的事質疑過嗎？質疑之後，是不是自我解答：「大人說的話不會錯！」「社會就是這樣！」然後就放棄尋找答案了呢？如果放棄的是自己想要做的事，那多麼可惜啊。

今後的世界將是一個充滿變化的世界，而這些變化都是我們大人未曾經歷過的變動。舉例來說，大家應該聽過將來有很多工作都會被人工智慧取代吧？當有新的行業出現，勞動的方式就會跟著改變，今後的世界，一言以蔽之，就是一個「無法預測的世界」。我們這些大人不曾經歷過「無法預測的世界」，自然不能給大家一個絕對的「答案」，建議大家該如何在今後的世界生活。因此，當大人告訴你：「那樣做不行」的時候，請不要就此放棄尋找「答案」。

我們大人擁有的是利用智慧、透過合作，成功解決各種問題的經驗，這些經驗有其值得傳承的地方。如果我們這一群不放棄未來的大人能夠和你們這一群彈性思考、充滿創意的年輕世代結合，組成夥伴共同行動，SDGs 的各項目標一定有實現的一天。

如果你對這本書感到懷疑，那就行動吧。從行動中去找問題的「答案」。如果不知道該怎麼做的話，不妨跟大人們聊一聊。拜訪一下製作這本書的人，也是個不錯的選項，我們隨時都歡迎大家的到來，歡迎大家一起來創造未來。（山本）

和青少年一起思考「未來的問題」

面對沒有答案的未來時，最重要的是提出一個又一個能夠激勵人心、採取行動的問題，不是嗎？ 就讓我們來試試吧！ Think the Earth 事務所的國中生、高中生，還有一群大人們，大家齊聚一堂，開始設想問題。 為了嶄新的未來，讀者們想提出什麼問題呢？

我能夠和誰一起展開行動呢？

如果有 18 個永續發展目標的話，第 18 個目標的內容會是什麼？

自己的行動和成果如何能夠被看到？ 辦得到嗎？

親子可以一起採取什麼行動呢？

該怎麼做可以讓人更容易親近 SDGs，更了解 SDGs 呢？

你的父母知道嗎？ 開始行動了嗎？

如果想結合同伴的話，該怎麼做？

用年輕人的用語來表達「永續發展目標」，要怎麼說？

在達成 SDGs 的未來，「我」的角色會是什麼？

如果想要使 SDGs 跟「3R 原則」（註：3R 即 Reduce 減量、Reuse 再利用、Recycle 循環再生）一樣，變成人人都知道的常識，可以怎麼做呢？

想要行動卻感到害怕而不敢行動，這時候該怎麼辦呢？

以前的人有想過永續這件事嗎？

2030 年時，你幾歲呢？2030 年以後，SDGs 的下一個目標會是什麼？

試著從 SDGs 的角度想一想自己住的社區。SDGs 達成了以後就結束了嗎？

如何讓全世界的人，都能打從心底支持，正在實踐邁向永續目標的人？

為了實現 SDGs，哪些事是你能夠忍耐的？

永續發展目標若無法達成，世界會變成怎樣？

該如何讓周遭的大人也動起來呢？

參加提問的高中生：淺見道也、老松京香、大貫萌子、落合航一郎、川野由菜、川保愛、小林里紅、坂井雪音、島崎惠茉、菅間詩櫻、鈴木沙菜、高橋萌子文、西上惠、新田倫子、村山一央

想與正在思索 SDGs 行動方向的孩子和老師們交流的朋友，請上 Confeito 未來教育設計官網
http://www.confeito.org

到 2050 年，
海裡的塑膠垃圾會比魚還要多！

我……

到底該怎麼做才好……

SDGs 部
第一次發表會

『共享一張餐桌』

大勝利、再次大勝利！！

每月舉辦一次的柏原宗工作坊

拜此之賜，知道 SDGs 的人變多了。

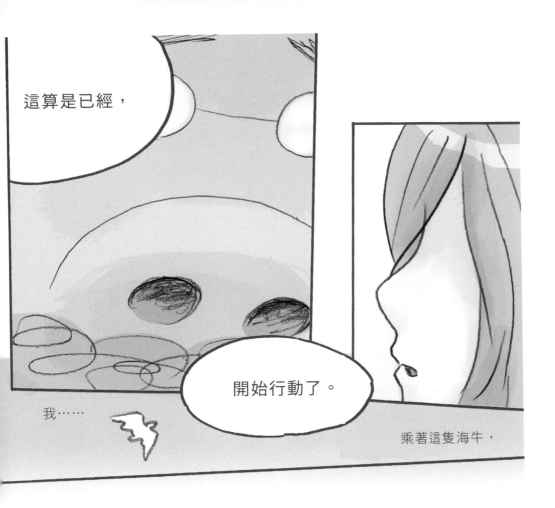

這算是已經，

我……

開始行動了。

乘著這隻海牛，

慢慢地慢慢地向前

航向有美麗海洋的

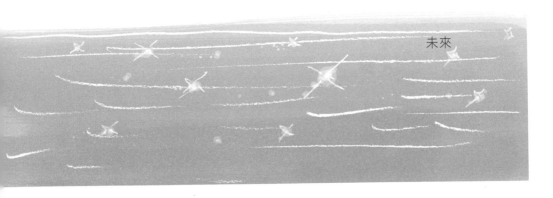

未來

台日 SDGs 教育暨旅行教育交流論壇
【精華摘要】

2021 年 4 月 27 日，本書策劃人上田壯一，以及本書撰稿人之一山藤旅聞接受社團法人台灣環境教育協會邀請，以視訊方式參加台日 SDGs 教育暨旅行教育交流論壇。這項論壇以 SDGs 教育為主題，邀請日本、台灣在學校教育、以及社會教育體系推展 SDGs 教育的從業人員參與，並以 SDGs 教育在台日兩地的推展現況，以及 SDGs 教育的推展經驗進行交流。以下是我們現場整理兩場次的發言精華。【編輯部】

 ## 【場次一】SDGs：改變未來的 17 個目標

● SDGs for School ～孩子與大人共同創造未來／上田壯一

上田壯一是環保及永續倡議組織「Think The Earth」的創辦人，上田以「SDGs for School ～孩子與大人共同創造未來」為題，認為推展 SDGs 教育，「相較於效率，更重視包容的設計」。

「Think The Earth」自 2001 年創立以來，推動超過 30 項的計畫。他視為一種創業，核心目標是「打造兼顧環保和經濟的永續社會」。然而，起步必須是「要先有起心動念，才能觸發行動」。而他的「起心」在 1995 年阪神淡路大地震，受災的兵庫縣正是上田壯一的家鄉。大地震幾十秒間使許多人人生一夕變調；在這重大衝擊下，他開始思考「人的創造力到底為何而存在」。這個轉念，改變了上田對生活和工作的想法，他決定往後要為社會和未來發揮自己的創造力，因此離開了原本的公司，投入 Think The Earth。

在此之後，上田壯一開發「Earth Watch 計畫」。20 多年前科技沒有那麼發達，他與日本一家大型通訊公司藉由人造衛星定位，開發透過手錶就得以即時了解世界的概念模型。2001 年這項計畫商品化，與合作夥伴 SEIKO 推出一支實際模擬北半球旋轉速度，逆時針轉動一圈 24 小時

的手錶繼而再；開發出南半球系列。藉由手錶讓人感受手上的地球運行，體會到身旁的環境議題，進而改變行為，並願意為環保多付出一點心力。這項計畫非常成功，商品的營收捐贈給發展中國家兒童團體或NGO組織。

從 Earth Watch 以來，Think The Earth 持續以透過商品推動行動及思考模式，甚至改變社會。2002 年，Think The Earth 增設出版部，推出「百年愚行」雜誌，紀錄二十世紀地球因人類破壞造成災害的照片。2011 年 311 大地震至 2016 年間，他們開始關注能源問題，將目標放在提升 1％再生能源利用。為了更多人知道並參與行動，開始公開宣傳招募培訓教師，也將本書捐贈至全國 300 所小學、中學、高中並到校園授課、於科學館舉辦工作坊。

2015 年後，「永續性」成為全球共識，SDGs 成為聯合國會員共通的指標。上田壯一說，SDGs 中有很多重要的關鍵字，其中核心宣言「不遺漏任何人」，目標不在於讓現在幸福的人更幸福，而是讓現在不幸福的人也開始重獲笑容；因此 SDGs 本質具有「包容」的心態。此外，聯合國對 SDGs 決議的核心宣言「翻轉我們的世界」，其中「翻轉（transform）」含意是希望如毛毛蟲蛻變成蝴蝶一樣改頭換面，而非單純表面的改變或抽換。

也因此，上田壯一寄望年輕人，他認為年輕世代擁有創新的原動力。他引述聯合國秘書長安東尼奧說過「年輕人不是未來的主人翁，而是今日的領導者」。大人們不要覺得小孩不夠成熟，要等到長大成熟才能在中獨當一面。小孩跟成人一樣，今日就是領導者。

上田壯一並在會中簡介日本政府如何推動 SDGs。2016 年設立 SDGs 推進本部，由總理大臣擔任本部長，並於該年年底訂定 SDGs 實施方針，因與需求有落差，2019 年 12 月修訂新實施方針。其中設置「Japan SDGs Award」，表揚每年優秀的 SDGs 推展計畫；「SDGs 未來都市」則是三年內選出 93 個地區，入選地區地區可提出申請，競逐兼顧環境及經濟的 SDGs 未來都市。

除了政府部門，日本大型跨國企業和上市公司組成的「經濟團體聯合會」2017 年 11 月修改企業行動憲章，將核心理念設為透過 Society5.0 實現 SDGs，自此日本企業開始意識 SDGs。2015 年後，日本 ESG 投資開始成長，從 2018 年的 232 兆日圓到 2019 年 336 兆日圓，目前已躍升到全球第三名，僅次於歐美。

日本文部省（教育部）也在 2017 年更新學習指導要領，首度增列前文，明載「未來的學校必須使每個學生認識自己的優點和可能性，並尊重他人，視其為擁有價值的存在。並且能和不同背景的人共同合作，適應各種社會變化，開拓豐富的人生，成為永續社會的創造者。」

上田壯一提到，以往學校教育很少提到永續社會，近來教育現場的老師也開始認真思考此議題。而他也與多位老師攜手，透過群眾募資的方式推展 SDGs for school 活動。本書便是其中成果之一，已有共約七百間學校，5 萬名學生在課堂上使用。目前正往 1000 間學校的目標邁進。（上田壯一／一般社團法人 Think the Earth 理事）

● 氣候變遷與世紀疫情下的台灣永續創新思維與能力／林子倫

林子倫以「氣候變遷與世紀疫情下的台灣永續創新思維與能力」為題，提供台灣觀點及因應氣候變遷的政治、能源轉型。這與 SDGs16「治理」緊密相關，SDGs16 的內涵是和平、正義與強健的體制。

他整理歸納關於氣候政治與能源轉型的七大趨勢：

一、　氣候變遷：從科學議題到政治議程。大氣科學資料仍然重要，但會交由政治人物來處理。我們可以看到很多名人撰書提醒各國政治人物，要把氣候議題放入議程中。

二、　「去碳化」（decarbonization）：改變全球地緣政經版圖。過去兩百年前工業革命從化石燃料、石油燃煤所建立的文明已經改變了，石油已經不那麼關鍵了。當每個國家開始去碳化，讓再生能源或能源

自主的話，地緣政治的關係就會被大大改變，每個國家都可以成為自己的主人，能源民主也能在此實現。

三、 能源轉型（energy transitions）的大趨勢：台灣 2025 年綠電比例要提高到 20%，雖然許多人認為是一大挑戰，但事實上現在看來是不足的，應該更快。全球 300 家企業，包含大家所熟悉的 GOOGLE、FACEBOOK、APPLE 等大企業及台灣國內台積電、鴻海等知名企業，要在 2050 年以前達到全面使用綠電。現在往綠電發展，以風電跟光電為主，但目前其實需要加快腳步擴展到地熱、生質能獲各類能源發展。

四、 碳定價（carbon pricing）時代來臨：過去排碳不需要成本，但未來手機、電腦排碳要負擔成本。環保署已在擬定未來每一噸碳要付出多少價格。歐盟國家 2023 年要開始收「碳邊境稅」，而大部分歐盟國家雖然制度法規不同，也將碳排放納進生產成本。而美國及我們鄰近的國家也打算制定類似規範，因此碳定價的時代要來臨了。

五、 城市與次國家體系扮演關鍵角色：從最早高雄加入開始，至今台灣陸續有 11 個城市加入 ICLEI（地方政府永續發展理事會），這是全球最大的城市組織。因為不只國家是重要體系，從智慧城市等等面向而言，地方政府也是切入 SDGs 的重要單元，甚至有時從城市、社區的角度設計 SDGs，會比國家的角度來得更具可能性。

六、 企業角色的提升：在 SDGs 中企業也要加入。私部門也可利用產品扮演另一種動力的推手。台灣在 2015 年要建立溫室氣體減量及管理法時，當時企業都說 2050 年回到 2005 年的一半排放是不可能的目標，然而台灣是國際上少數有把溫室氣體減量寫進法律中的國家。

七、 新氣候政治的崛起：談 SDGs 一定要提到的，就是要把它放進教育，把青年納入氣候議題的討論。而氣候議題與永續發展看似只有環境議題，但事實上也與性別（婦女）、人權、青年、原住民、世代公平、氣候正義、能源民主、Just Transition 等議題相關。其中，Just Transition 又稱為「公正轉型」，這是 2019 年歐盟復興方案中

特別提出的概念，主要在於提醒各類能源轉型中，或許有人可能為此而受害（失業或需要轉業等），是轉型過程中必須照顧的對象。（林子倫／國立台灣大學政治學系副教授）

● 台灣 SDGs 的方向與政策／洪申翰

洪申翰以「台灣 SDGs 的方向與政策」為題發表，介紹台灣對應 SDGs 的政策。台灣 2018 年發布 18 項「臺灣永續發展目標」，前 17 項回應聯合國 17 項 SDGs，而第 18 項則是「非核家園」。台灣在 1997 年時成立「行政院國家永續發展委員會（永續會）」，直到今天都還是行政院跨部會與民間組織定期討論永續發展並制定相關機制的平台。

他介紹，行政院永續發展委員會的主要任務是發行「國家永續發展年報」、辦理「國家永續發展獎」及研訂並管考「臺灣永續發展目標」，而目前台灣負責追蹤管考的單位是行政院永續會的秘書處—環保署。

之後台灣發展出「國家永續發展指標系統」（2003 至 2018，後由臺灣永續發展目標管考作業取代）來進行管考作業，包含中央政府機關及地方政府等公部門的資源檢視報告。

在國會，立法院由跨黨派委員成立「永續發展目標策進會」，規劃永續發展政策的發想，包含執行計畫等，目前的會長是立法院蔡其昌副院長。日前立法院永續會便召開記者會，呼籲台灣應盡快訂定 2050 年淨零排放的氣候目標。（洪申翰／立法委員）

● 融合 SDGs 的台灣課程與課綱／洪雯柔

洪雯柔教授以「融合 SDGs 的台灣課程與課綱」為題發表。她提到，從國際教育的角度來說，我們期待培養全球公民，因而透過國際教育建立全球生命共同體的公民意識。而 SDGs 永續發展目標即是國際教育非常重要的一環，透過培養學生清楚理解全球公民責任，以此理解擴展

全球觀點，並感受到自己與議題是有連結的；唯有奠基在理解並強調客觀理性，最後才能帶來對地球的責任感。

而這樣的教育從素養導向課程切入的原因，在於素養導向課程涵蓋認知、情意、技能，且具有非常強的未來性及實踐的特質。由於世界瞬息萬變，我們期待孩子能擁有探究議題及解決問題的能力，這部分需要素養導向的教育來達成。

洪教授指出，教育部 2017 年正式將「聯合國永續發展目標」（SDGs）納入教育政策，而且更早之前就在永續環境議題裡納入並做相關推動。SDGs 已經貫串所有的教育政策，且由中小學至大學都在推動。

洪雯柔提醒說，學生不會從認知 SDGs 就培養出全球公民意識，而是需要引導的。學校可能覺得做好綠色環境保護的認識、森林保護概念，顧好地球、保護好樹就能讓學生有所謂 SDGs 概念，但其實 SDGs 永續概念其實背後有著全球議題與生命共同體的概念。舉例來說，認知與理解森林的重要，到「我對全球的森林有責任」，是有落差的。學校教育需要讓學生理解：我若照顧好一棵樹，會對地球帶來什麼影響，我的所作所會影響全球，所以我是可以有貢獻的。（洪雯柔 / 國立暨南大學國際文教與比較教育學系教授）

 【場次二】符合 SDGs 的未來教育設計（海洋教育主題）

● SDGs X 教育之目的與吸引力／山藤旅聞

山藤旅聞以「SDGs X 教育之目的與吸引力」為題發表。他介紹了任職的新渡戶文化中學的教育目標「為周遭人創造幸福」。學校的宗旨在希望能培養學生成為一個創造幸福的行動者。其創校校長曾說過：「人生在世，應為他人盡力，若能在誕生到離世前的歲月中，讓周遭的人過得更好一些，即使再微小，仍可謂展現了生而為人的價值」的教育名言，正與 SDGs「不遺漏任何一個人」、打造一個地球能永續的環境相互呼應。

山藤旅聞到新渡戶任職前，便已在公立學校推動一些計畫。他舉例說，學校的學生制服，由學生與企業廠商溝通，透過線上方式討論要用何種材質、材質是否為永續的材料、是否環保等。學生設法讓自己的制服兼顧環境、環保概念，可說是 SDGs 12 責任消費的實踐。

他並分享 Covid-19 疫情發生後，學校改採線上教學的新教學模式：日本現在面臨人口減少的嚴峻課題，人口紛紛流向大都市，使得偏遠鄉村人口大量流失。因此，總校與其他分校疫情期間以線上連線方式，每週一次線上討論未來生活型態及日本未來走向等課題；(分校)的學生與東京連線，討論地方創生議題。這正是 SDGs11 永續城鄉的範疇。此外，教師也會實際到現場直播教學，做到學習與社會連結。

為了將 SDGs 融合於教育中，目前山藤旅聞採取的是設計一個與自然、生物息息相關的課程，目標是達成以下：

一、讓學生有「自己和社會、世界緊密相連」的意識

每個人的所做、所學、所思考與社會、世界是緊密相連的。因此應該在教學中讓學生意識到社會上所發生的事情，並付諸行動。從「知曉 x 意識 x 察覺 x 行動」這套公式可以發現，即使學生學了知識，也意識、察覺到問題，最後卻毫無行動的話，對結果而言，是不可能改變世界的。因此即使只有一點行動，也可讓自己所學的知識、意識及察覺的問題活起來。

二、從利己邁向利他。

SDGs 是重要的全球目標，然而要促使學生為世界、社會行動並不容易。因此要重新檢視課程內容，從「利己」開始，以心智導圖引導學生重新思考興趣、拆解自己興趣，進而擴展思考與興趣相關的事物。

完成心智導圖後，讓學生自行思考各項 SDGs 與哪個自己的興趣有關聯，並將 SDGs 目標的貼紙與自己所寫的興趣內容相互搭配。

三、主體為學生。

在 SDGs 中，未來的主體是年輕世代，因此在教育現場主體也應是學生。SDGs 是 15 年的目標，15 年雖短卻可以做很大的改變。

例如，1900 年的紐約大道路上都是馬車，而石油革命後的 1913 年，可看到同一條大道上奔馳的滿是汽車，短短的 13 年間便可產生如此巨大變化。同樣的，日本人民也曾在短短的 14 年間改變髮型，從武士頭到西洋化的髮型。

我們正處一個巨變的時代，而這個新時代不再全由大人主導，時代主體是學生，大人是協助者。在未來時代的共創型教育中，SDGs 17 中的「共同設計」理念非常重要，教育要整合孩子、社會及大人共同來建構。

山藤旅聞認為，若要全面推動 SDGs，首先一定要讓學生和社會、世界緊密聯繫，第二，要讓學生從自己喜歡的事情再想到邁向利他，最後，教育要以學生為主體。（山藤旅聞／新渡戶文化國中、高中統括副校長、生物老師）

● 台灣校園裡的 SDGs 與永續教育課程設計／張子超

張子超以「台灣校園裡的 SDGs 與永續教育課程設計」為題發表，他介紹台灣 SDGs 與永續教育發展脈絡：1972 年台灣社會開始關心環保，而後進入環保教育、環境教育，而從 1987 年《我們共同的未來》到 1992 年地球高峰會，關切的面向則為永續發展、跨世代正義。許多課題對老一輩的人來說影響不大，因為 20 年後的未來已垂垂老矣，但年輕一代的孩子卻不知道 20 年後自己身處的世界會長成怎麼樣，而跨代正義即是指我們必須為未來的下一代負責。

他說，環境生態跟永續發展有根本上區隔。談環保時，環境污染跟生態保育談的是污染防治，屬於物種、棲地保育。而談永續發展是指人類發展的意義、目的及策略。差別在於一個是治標，當你遇到環境生

態有問題、受破壞時，你要去保育，這是人類面對到環境生態不平衡問題的解決方法。但更根本的是，為甚麼會發生環境問題，為甚麼環境污染？為何生態不平衡？理由就在於人類的發展。張子超說，永續發展要思考，當人類不知道正確的發展時，如何防治處理都無法解決根本問題。這也是為何 SDGs 以問題導向來推進。因此他提醒大家必須思考一個根本問題：人類發展的目的及意義為何？唯有用永續的原則作答，才有可能回答「如何才不會因為過度需求對其他物種造成傷害」。

他更尖銳的提問，因為人類過度物質需要，造成環境衝擊。永續發展的根本問題，人類這一物種需要發展嗎？若需要發展，那發展的意義目標為何？如若不回答這些問題，我們所遇到的環境問題包含海洋問題都很難解決。人們以往追求的是生存，但在生存以後，人類以為發展目的是為了讓自己生存得更好，這就是最大的迷思。
（張子超／國立臺灣師範大學教授）

● SDGs 中的海洋保育課程設計與教學／張正杰

張正杰以「SDGs 中的海洋保育課程設計與教學」為題，提醒重視海洋議題。

他說，台灣是一個以海立國的國家，台灣從 2007 年教育部提出海洋教育政策白皮書，2017 年提出第二版；2011 年開始全國性推動海洋教育。

海洋教育可以分為兩個區塊「正式海洋教育」及「非正式海洋教育」，前者指在正規教育中進行的海洋教育活動，後者則是在媒體、網路、大眾水族館或博物館，以及各項相關公、私立的機構與組織對大眾推廣的海洋教育。

張正杰表示，或許很多人認為海洋教育要進入「海」才叫海洋教育，但其實最早海洋教育是從美國五大湖區開始。美國的海洋教育就是以美國的海洋素養為核心方向，海洋素養是指對人類與海洋彼此相互影響之

了解，而海洋教育的精髓就在於「人類如何與海之間有合適的互動模式」。

學生對於海洋知識的先備知識來自於正規的課程、個人經驗與媒體，非制式的教育場所如海族館等。而於學齡時接受正規海洋教育課程，對於海洋素養養成有其重要性。

張正杰提到，目前在前瞻規劃中的海洋教育教材編纂融合了台灣課綱、國際海洋素養架構及聯合國海洋永續目標 SDGs14（海洋生態），亦把海洋職涯發展內涵融入。有了這一海洋教育實質內容後，再配合教科書、師資培訓及海洋素養調查，就得以在清楚學生程度後，設計合宜的培訓課程、教材並落實到教育現場中。

那如何設計海洋保育課程？目前台灣各教育階段已經有課程，而各縣市都有海洋教育資源中心。目前台灣已開發出 25 所非臨海的海洋教育研發基地，搭配海洋教育資源中心推動海洋教育課程模組。而海洋教育課程模組已有「守護海岸、減塑行動、食漁教育」三項教師培訓，而這三項都可以與 SDGs 相互對應。（張正杰／國立臺灣海洋大學臺灣海洋教育中心主任）

● 透過行動設計與議題討論帶動海洋環境教育／郭兆偉

郭兆偉以「透過行動設計與議題討論帶動社會教育裡的海洋環境教育」為題介紹推廣海洋教育經驗，因為身為非營利組織，因此比較靈活，沒有固定學校場域，全台都是教育場域。

郭兆偉之前在蘭嶼和澎湖做綠蠵龜研究，在過程當中認識了海洋生態，當時澎湖的海洋廢棄物非常多，他開始自發性舉辦活動號召當地小孩一起撿垃圾，撿完後分類成小包，請志工帶著樂器在碼頭現場演唱，在表演間的串場，對著熙來攘往的遊客呼籲喊話，讓遊客幫忙把已經撿好一小包一小包海揚廢棄物帶回台灣處理。

2020 年望安國小的小孩覺得此事有趣開始參與。郭兆偉帶著學生討論「垃圾不留下」的重要性，因為整個澎湖都是因為有豐富珊瑚礁生態系，所以才能養育澎湖人這麼久，並吸引遊客為生態而來觀光。

當時孩子寫出自己的環保宣言，來到碼頭，用最樸實的方式走到遊客面前說出自己的環保宣言，宣導不要留下垃圾，並請遊客聽完後簽名以示認同。小孩此舉受到遊客非常大的正向鼓勵，有的遊客非常認真聽完發表後，會讚美孩子幫忙簽名後並要求拍照。因為遊客的鼓勵，孩子的態度也從一開始因為害羞、互相推拖，轉變成搶著成為向下一個遊客宣讀宣言的人。

2021 年台灣海洋環境教育推廣協會擴大規模，串聯湖西國小、講美國小、風櫃國小，這 3 間學校各有其校本課程，因為 2020 年報復式旅遊，暑假期間澎湖遊客人非常多，魚被吃光、水被喝光、路上經常上演車禍，孩子們對此記憶猶新，因此各自設計結合環保與永續的訴求，在花火節開幕當天在馬公機場快閃，將這些資訊傳播給遊客知道。

小孩還想到去海龜博物館向遊客導覽，把平常在學校所學的，在博物館向遊客分享，他們做了「海龜我最懂」、「我是海龜小天使」、「海龜請問我」、「海龜請找我」、「海龜我知道」牌子，提供導覽，臉上都充滿笑容，得到自信。

郭兆偉說，學校教育重要、社會教育也重要，然而環境才是一切的根本，唯有良好的環境，才可以好好活在地球上。但在教育中讓人們認知到人類的渺小跟不足，也許可以減少人們的妄求，希望大家可以一起來維護、珍惜這個家鄉。（郭兆偉 / 社團法人台灣海洋環境教育推廣協會秘書長）

【監修】

蟹江憲史 ●慶應義塾大學研究所 政策、媒體研究科　教授

聯合國大學永續高等研究所資深研究員、地球系統治理計畫（Earth System Governance Project）諮詢委員。日本政府永續發展目標（SDGs）促進本部圓桌會議委員、內閣府地方創生推動事務局「自治體促進 SDGs 有識者檢討會」委員等。為研究 SDGs 的第一把交椅，致力於使 SDGs 的研究及實踐並重並行。2017年 3 月出版《什麼是永續發展目標：邁向 2030 年的革新議程》（Minerva 書房）

【撰稿者】 （依文章先後順序排列）

稻場雅紀 ●一般社團法人 SDGs 市民社會網　專務理事

90 年代曾投身日本國內貧困相關問題的研究工作，並從事 LGBT（註：LGBT 分別是以下各英文首字母的縮寫，分別是 Lesbian 女同性戀者、Gay 男同性戀者、Bisexual 雙性戀者和 Transgender 跨性別者）等非異性戀者的人權保障相關工作。2002 年起開始致力於解決非洲愛滋病的問題，成為非洲與日本非政府組織間相關防治措施的橋樑。自 2012 年起投入與 SDGs 架構有關的工作，2016 年成立「SDGs 市民社會網」。

北村友人 ●東京大學大學院教育研究科　副教授

東京都教育委員。曾於聯合國教科文組織（UNESCO）、名古屋大學、上智大學任職，現為東京大學副教授。主要研究為柬埔寨等開發中國家的教育問題。著有《國際教育開發的研究範圍》（東信堂）。

須藤伸二 ●NPO 法人 People Design 研究所　代表理事

提倡「People Design」（人性設計）的概念，透過富創意的想法和方法，達成「心靈零障礙」。以實現多元化的社會為目標，各種少數族群、弱勢團體都應被融入社區。以創造事、創造物、創造殘疾人士的工作為出發點，於澀谷區、川崎市等地協助地方政府推動社區地方創生。

紫牟田伸子 ●住民歸屬感（Civic Pride）　研究會／編輯／記者

多摩美術大學等客座講師，曾任職於美術出版社、日本設計中心，2011 年獨立後，以「事、物的編輯者」為主軸，從事商品開發、品牌行銷策略、公關策略等業務。主要的著作有《住民歸屬感》、《住民歸屬感 2》（合著、宣傳會議）、《日本的庶民經濟》（編著／ Film Art 社）等等。本書第 100 頁的作者。

末吉里花 ●一般社團法人良知消費協會　代表理事

東京都消費生活對策審議會委員、日本良知消費推進協議會理事、日本永續標章協會理事。曾經擔任 TBS 電視台節目「發現世界奧秘」的外景主持人，擁有周遊列國的經驗。致力推動並使良知消費普及於日本全國。著有《祈禱的孩子們》（太田出版）。最新著作有《良知消費初體驗》（山川出版社）。

村井純 ●慶應義塾大學環境情報學部　教授
　　　　　大學院政策、媒體研究科　委員長

工學博士。1984 年設立第一個日本大學間互連的網際網路。1988 年主持廣泛分布式環境（WIDE）計畫。曾擔任內閣官房情報通信技術（IT）綜合戰略本部閣員、內閣及其他各省廳委員會主委等職務，同時在國際學會等鄉國活動也非常活躍。2013 年，由網際網路協會（ISOC）提名並獲選進入「網際網路名人堂」（Internet Hall of Fame），成為名人堂的一員。其對網際網路的貢獻被譽為「日本網際網路之父」。

足立直樹 ●永續事業新創家／株式會社 Response Ability　常務董事

於東京大學理學部、東京大學研究所主修生態學、理學博士。曾赴馬來西亞研究熱帶雨林，之後獨立創業，擔任企業顧問的工作。為了達成企業永續、社會永續的目標，倡議 38 億年前的生物演進必然有值得我們學習的地方，致力倡導人類應向自然界學習，協助企業如何在保護自然環境的前提下運用資源。

田瀨和夫 ● SDG Partners　常務董事／ CEO

聯合國論壇共同代表。1992 年被延攬進外務省任職，歷任聯合國政策課、聯合國行政課、緒方貞子（前聯合國難民署高級專員）的輔佐官，直到 2005 年離開。之後，隨即擔任聯合國人類安全保障部課長，自 2014 年起擔任 Deloitte Touche Tohmatsu Consulting（勤業集團）的董事。2017 年自立門戶，創立 SDG Partners，成為以教育為宗旨的全球教育合作夥伴關係組織（Global Partnership for Education，簡稱 GPE）日本地區召集人。

河口真理子 ●大和總研株式會社　調查本部　首席研究員

聯合國全球盟約日本在地組織（The United Nations Global Compact Network Japan）理事、NPO 法仁日本永續投資論壇共同代表理事等等。一橋大學大學院（研究所）碩士。曾於大和證券擔任分析師，後轉至大和總研從事與 CSR（企業社會責任）及社會責任投資有關之調查研究。負責的領域為永續投資／ ESG 投資、CSR ／ CSV（Creating Shared Value，中文為創造共享價值）、社會企業、良知消費。

小山淑子 ●早稻田大學　講師
紛爭解決學碩士。曾任職於聯合國裁軍研究所擔任小型武器調查工作、聯合國剛果民主共和國維和行動（Peace-keeping Operations，簡稱 PKO）特派團協助士兵解除武裝、解除軍事動員以及支援社會回歸。自 2007 年起，服務於國際勞動機構，從事建立和平與自然災害應變等相關工作。

山藤旅聞 ●新渡戶文化小中学校・高等学校 教諭 (生物) / 学校デザイナー
Confeito 未來教育設計共同創辦人。致力於透過計畫形式、對話型態的互動式教學設計，培養以永續發展社會為目標的行動者。日本各地只要有 5 個人想了解 SDGs，都接受邀約教學或演講。目前正在執行數個跳脫學校框架的計畫。NHK 高中講座講師（2004 ～ 2017）、東京教科書編輯委員。

山本崇雄 ●新渡戶文化小中学校・高等学校 教諭 (英語) / 学校デザイナー
Confeito 未來教育設計共同創辦人。透過英語教學，致力於班級經營，藉以培養具有自律性的學生。《為什麼老師沒教的課，可以增加你的學力？》（日經）為其個人自我實踐及理念的著作，成為暢銷書。為了讓更多人了解永續發展的教育設計，經常應邀前往教學、演講，同時也執筆發表文章。英文檢定教科書 New Crown（三省堂）編輯委員。有多本著作。

【漫畫】
羅賓西　繪圖
代表作品有《心理遊戲》《怪傑寶爺揚》《首爾花列車》。《心理遊戲》由湯淺政明導演拍成動畫搬上大銀幕。文化廳媒體藝術祭長篇動畫大獎。《首爾花列車》由西尾孔志導演拍成電影。曾參加「Japan Hyper Culture Festival」（JFK Center）「Love Love Show」（十和田市現代美術館）等活動。

伊藤嘉賓　企劃、編輯
女子美術大學短期大學部教授。第一份工作為編輯，90 年代則轉任遊戲製作與遊戲開發相關的工作。2000 年代及 2010 年代，重拾以編輯為主的工作。目前為漫畫網站「Mamba 通信」、先端映像媒體「NEWREEL」總編輯。

【執筆】（按文章先後順序排列）

江口繪理　　（目標概要文 p50, p52, p80）

作家、編輯。參與 Think the Earth《生物物語》《水物語》《食物物語》《綠色魔法書》等書籍的製作。《搖來搖去花園鰻》（第 21 回日本繪本賞）以及其他多本與動物有關的童書也都由其製作。

小泉淳子　　（p38, p40, p64, p74, p82, p116, p130）

編輯。曾擔任新聞週刊雜誌的記者、編輯，從事與書籍、雜誌書（mook）等編輯工作。經常製作與教育、生活方式、文化等相關題材報導。如本書所提示的，致力於向大眾傳達只要稍微改變一下觀點，就能夠有所發現等議題相關。

崛江令子　　（p44, p46, p56, p58, p62, p94, p118, p134）

作家。從事生活方式等報導文學與人物專訪。擔任生存方式及經營管理等相關書籍的企劃及執筆工作。

橋本淳司　　（p68, p70）

水資源記者，調查並發表關於水資源問題及其解決方法的文章。成立水立方‧水教育研究所，與各地方自治體、學校、企業、NPO 及 NGO 合作，在各地展開解決水資源問題的活動，期使有更多人「站在水的角度思考」、有更多人「說水的故事」。

西川敦子　　（p76, p86, p88, p92, p98, p104, p106, p122, p124, p128, p136）

作家。從工作型態、家庭、組織以及與社會的連結，探討心理的問題。著有《工作憂鬱》、《大家都一個人生活 Share House 導覽》、《羽衣甘藍的力量》、《從科學角度看翻臉像翻書的女人心》（鑽石社）。

加藤久人　　（p110, p112）

立教大學法文學部畢業。在雜誌、網路上等發表以環境、勞動方式、社區等為主題的文章。著有《驚蟄》（Bronze 新社）等等。社團法人八王子協同能源代表理事。NPO Transition Japan （日本城鎮轉型）理事。

協力編輯　獨立行政法人 國際協力機構 （JICA）

「以信賴連結世界」為願景。由日本針對開發中國家提供開發協助（ODA）計畫的獨立行政法人。為了讓民眾更了解全球的議題，進而參與國際協助活動，於東京、名古屋及札幌設置「地球廣場」，常設體驗型的展示區並舉辦各種活動。除此之外，亦應各級學校邀請，派有經驗的青年海外協力隊到校演講，同時針對學校老師規劃海、內外研修活動，編製並推廣以學生為重點之教材。
https://www.jica.go.jp/hiroba/ （JICA 地球廣場）

本書之出版為一般社團法人 Think the Earth 所企劃的活動內容之一。

一般社團法人 Think the Earth

理事長：水野誠一
理事：上田壯一　小西健太郎　白土謙二　永井一史　谷川 享　宮崎光弘

SDGs：我們想要的未來【2022增訂版】
17項永續發展目標＆國際實踐範例

原書名：未来を変える目標 SDGsアイデアブック

編　　著：一般社團法人Think the Earth
監　　修：蟹江憲史
插　　畫：羅賓西
譯　　者：沈盈盈
圖文整合：謝宜芸

總 策 畫：張豐藤
策　　畫：莊佩璇、劉孟佳
社　　長：洪美華

責任編輯：黃信瑜、謝宜芸
編輯小組：黃麗珍、洪美月、巫毓麗、何　喬、莊佩璇

出　　版：社團法人台灣環境教育協會
發　　行：幸福綠光股份有限公司
印　　製：中原造像股份有限公司
初　　版：2020年1月
二版八刷：2023年6月
定　　價：新台幣420元（平裝）

ISBN　　978-986-91132-7-4

本書如有缺頁、破損、倒裝，請寄回更換。

SDGs：我們想要的未來：17項永續發展目標＆國際實踐範例 / 一般財團法人 Think the Earth 編著；沈盈盈譯 . -- 二版 . -- [高雄市]：社團法人台灣環境教育協會出版；[臺北市]：幸福綠光股份有限公司發行, 2022.04　面；　公分

譯自：未来を変える目標 SDGsアイデアブック

ISBN 978-986-91132-7-4(平裝)

1.CST: 產業政策　　2.CST: 永續發展

553.1　　　　　　　　　　111002875

台灣環境教育協會
Taiwan Environmental Education Association